인생모험: 나에게로 가는 특별여정
Life Adventure: A journey to myself

이대로 살아도 괜찮을까?
5개의 질문, 20년의 방황, 그리고 찾은 내 인생!

김글리 모험에세이
라이프아티스트

인생모험: 나에게로 가는 특별여정
　(속칭 방황, 공식표기 자아탐색, 다른 말로 자기확신을 쌓아가는 여정)

분명 세상 속으로 걸어 가지만
결국은 수 많은 나를 대면하고 돌아오는, 신기한 여정.
또 다른 내가, 나를 기다리고 있다.

앞에 두 갈래의 길이 있어
사람이 덜 다니는 길을 택했습니다.
그게 모든 걸 바꾸었습니다.

처음엔 길을 잃은 줄만 알았어요.
그런데, 새로운 길을 발견한 거였더라고요.

지도 없이 떠나는 여행,
'인생'이라는 모험을 하고 있는 모든 분들에게 이 책을 드립니다.

🍃

아무리 어둡고 험난한 길이라도
나 이전에
누군가는 이 길을 지나갔을 것이고,
아무리 가파른 고갯길이라도
나 이전에
누군가는 이 길을 통과했을 것이다.
아무도 걸어본 적 없는
그런 길은 없다.
어둡고 험난한 이 세월이
비슷한 여행을 하는
모든 사람들에게
도움과 위로를 줄 수 있기를.

- 그런 길은 없다, 베드로 시안

첫머리에서. 저, 어떻게 살아야 할까요?

어릴 때부터 자주 죽음을 상상했습니다. 내가 죽어 없어지면 어떻게 될까? 그런 상상을 할때마다 베개가 푹 젖을 정도로 눈물이 났습니다. 죽음은 제게 어마어마한 질문을 던졌습니다.

"그래서, 넌 어떻게 살거니?"

그 질문에 답하지 못했습니다. 그리고 누구에게도 그 답을 얻지 못했습니다. 아마 그때부터였을거에요. 나만의 답을 찾아야겠다고 생각한 게.

_나를 찾아가는 모험

왜 사는지, 무엇을 하고 싶은지, 내가 어떤 인간인지, 알아내고 싶었습니다. 그래야 한 번 뿐인 이 삶을 제대로 살 수 있을 거라고 여겼어요. 저승사자나 지옥 따위는 무섭지 않았지만, 죽을 때 후회를 남기는 건 무척 두려웠습니다. 그런데 '어떻게 살까'로 시작된 질문은 예기치 않게도 온갖 모험으로 저를 데려갔습니다.

처음으로 홀로 올랐던 1998년 겨울 월악산…
세상을 경험한다고 나선 2001년 무전여행길…
나를 찾는다며 40일간 절에서 생활했던 2002년의 어느 여름…
호주원주민을 찾아 헤매던 2003년 어느 날…
허물 벗어 보겠다고 지리산에 들어가 단식하던 2006년 가을…
인생고수들을 찾아나선 2006년 도보여행…
라다크와 오래된 미래를 보고 싶어 간 2008년 히말라야…
세계를 구경한다고 퇴사하고 나선 2012년 여름…

그런데 그 길 위에서 저는 제 자신을 더 많이 만났습니다. 이상한 일이었어요. 어떻게 살까,를 물었는데 왜 인생은 나를 더 많이 보여주는 걸까… 처음엔 그게 무슨 뜻인지 알지 못했어요. 그러다 아주 조금씩 알게 되었습니다.

10년 동안 방황했더니, 사람들 저를 방황전문가라고 부르기 시작하더군요. 누군가 물었습니다. 왜 그렇게 오래 방황하셨어요? 저도 모르겠습니다. 아마, 저에 대한 그리움 때문일겁니다. 모든 살아있는 것은 결국은 자기 자신이 되고자 하는 것 같아요. 새는 알을 깨고 나오고, 나비는 고치를 뚫고 나오고,

꽃은 단단힌 씨앗을 깨고 나옵니다. 그건 본능과도 같죠, 진정한 자신이 되려는 본능. 저도 마찬가지였습니다. 끊임없이 저를 불러대는 어떤 소리가 있었어요. 나에 대한 진한 그리움이 어딘지도 모르는 모험으로 계속해서 저를 이끌었습니다. 어디에 있든 누구와 있든 무슨 일을 하든 진짜 여정은 진짜 나를 만나고부터 시작된다, 그런 믿음이 있었습니다.

_애벌레의 꿈

애벌레가 어떻게 나비로 바뀌어가는지 아시나요? 나비의 완전변태 과정은 언제 봐도 경이롭습니다. 알에서 깨어난 애벌레는 보통 4번의 탈피를 거치며 몸피를 키웁니다. 그러다 번데기 시기를 맞으면 한 곳에 몸을 고정하고 그 안에서 한 계절을 납니다. 아무것도 안하는 것처럼 보이지만 실은 굉장히 치열한 과정이 벌어지고 있습니다. 애벌레가 스스로를 죽이고 그를 양분으로 나비의 몸을 만들이 내거든요. 이게 끝은 아닙니다. 마지막으로 바늘만한 구멍으로 고치를 빠져나오는 과정이 남았습니다. 작은 구멍을 통과하느라 죽을 힘을 다하는 동안 나비는 날개 힘을 기르고 몸에 묻은 수액도 말리면서 날 준비를 하게 됩니다. 그리고 고치를 빠져나오면 짜잔, 마침내 나비의 삶이 시작됩니다. 애벌레의 꿈은 나비가 되는 것이 아닙니다. 나비의 삶을 사는 것, 드디어 그 꿈이 시작된 거죠.

길 위에서 20년을 보내며, 저의 시간이 번데기의 시간과 비슷하다는 생각을 했습니다. 긴 시간을 오로지 안을 들여다보며 중심을 갖춰가고, 기존의 나를 녹여 새로운 몸을 만들어내는 과정이 바로 제 인생모험의 핵심이었습니다. 수 많은 길을 거치며 누구보다 저를 더 깊이 이해하고, 또 새롭게 보게 되었습니다. 세상을 여행했다고 생각했는데, 알고보니 저라는 대륙을 탐험한 거더라고요.

_ 내 인생 작전노트를 만들다

플레이북(Playbook)이란 게 있습니다. 미식축구에서 쓰는 '작전노트'를 말하는데, 여기엔 팀의 전술과 전략이 자세히 기록돼 있죠. 미식축구는 현대판 검투사 경기로 불릴 만큼 다양한 작전과 전술이 어우러지기 때문에 이런 플레이북이 필수입니다. 어쩌면 제 인생에도 플레이북 하나쯤은 필요하다는 생각이 들었습니다. 그래서 그간 세상이 보내준 답들을 모아, 저만의 플레이북을 만들기 시작했습니다.

방황 20년차를 맞아 지나온 시간도 정리할 겸, 무엇보다 저와 비슷한 고민을 하는 사람들이 어딘가엔 꼭 있을 것 같아서, '어떻게 살지 고민하고 발광했던 20년의 여정'을 꾹꾹 눌러 한 권의 책으로 만들기 시작했습니다. 이 책은 한 마디로 나를 찾아가는 20년의 여정을 담은 모험에세이입니다. 어떻게 살까에 대한 답을 찾아나섰지만, 사실은 저를 만났던 이야기죠.

이 책을 세상에 내놓기까지는 꽤 시간이 걸렸습니다. 20년의 경험을 정리하는데 3년, 그를 편집하는데 6개월, 책으로 제작하는데 3개월이 걸렸습니다. 책 만드는 과정을 직접 해보고 싶어 독립출판으로 진행했는데, 정말 어려웠습니다. 맨 땅에 헤딩하는 기분으로 기획, 디자인, 원고작성, 편집, 출판 등의 모든 과정을 혼자 해나가며 매일 머리를 쥐어뜯었습니다. 내 생애 이렇게까지 치열하게 한 적이 있었나 싶을 정도로 숱하게 밤을 샜습니다. 하지 말까란 생각도 수 백번 했지만, 마침내 책을 여러분에게 선보일 수 있게 돼서 몹시 기쁩니다. 어쩌면 이 책은 제 모험의 마지막 관문이었는지도 모르겠습니다.

_필요한 건 정답이 아닌 더 많은 용기

방황한다고 길을 잃은 건 아닙니다. 방황의 핵심은 길을 잃은 것이 아니라 길을 찾는 것. 우리가 이렇게까지 고민하며 방황하는 건 결국 자신의 길을 찾기 위함이니까요. 지나고 보니 그 길에서 정말로 필요한 건 정답이 아닌, 더 많은 질문과 용기였니다. 그래서 책에 정답 대신 더 많은 질문을 담았습니다. 이런 나도 괜찮다는 한줌의 위로, 무엇이든 가능하다는 두 줌의 용기, 같은 고민을 하고 있다는 세 줌의 공감도 함께 담았습니다. 저의 이야기가 비슷한 모험을 하고 있는 분들에게 도움이 될 수 있다면 더 없이 기쁠 것 같습니다. 인생이라는 모험을 하고 있는 모든 분들을 크게 고함질러 응원하며,
이 책을 보냅니다.

이 책을 읽기 전 사전작업

가끔 멍해지기, 일부러 길 잃고 헤매기, 두려움에 이름 붙이기, 종종 딴짓하기, 나와의 데이트, 다르게 바라보기, 한 달에 한 번 야반도주와 같은 활동을 권장합니다.

일러두기

* 이 책에는 귀자와 글리, 애니 등 여러 이름이 등장합니다만, 모두 동일 인물이니, 헷갈리지 마세요. :)
* 방황, 인생모험, 실험과 같은 단어는 결국 나를 찾아가는 여정이라는 점에서 같은 말입니다.
* 이야기는 시간과 상관없이 진행되니 순서대로 읽지 않으셔도 됩니다. 마음 이끌리는 대로 읽으세요.
* 나를 찾아가는 인생모험, 그럼 지금 바로 출발합니다! 렛츠꼬우!

지도 없이 떠나는 여행

첫머리에서. 저, 어떻게 살아야 할까요? • 6
추천사. 진짜 젊은이 (feat. 구본형) • 14

1 이대로 살아도 괜찮을까? 문득 의심이 들때

이길이 내 길일까? 지금 당장 그만두고 싶을 때 • 20
길이 보이지 않을 땐 딴짓을 권함 • 24
불안, 살아있음의 또 다른 이름 • 30
깊은 우울, 신은 이렇게 답했다 • 31
불안감의 실체 • 37
예정된 미래로부터 탈출하라! • 40
나만의 속도로 가기 • 44
방황할 때는 미래를 생각하지 말 것 • 46
방향을 결정하는 힘 • 52

2 나는 누구일까? 내가 누구인지 말할 수 있는 사람

초라해도 괜찮아, 야호해 야호 • 58
완벽한 '나'를 찾습니다 • 61
내가 누구인지 말할 수 있는 사람 • 70
귀한자식을 소개합니다 • 75
Being Original • 81
남과 다른 자신을 바꾸지 마세요 • 82
빼기의 기술, 내가 아닌 것 버리기 • 86
세상에서 가장 깊은 동굴, 절에서 보낸 40일 • 90
신이시여, 제 밑바닥을 보여주소서 • 98
나는 쓸모없습니다 • 106
내 안의 믿음 바꾸기 • 113
치명적인 약점에 강점도 있다 • 120
그냥 나로 살고 싶은 거야 • 128

3 내가 진짜 원하는 건 뭘까? 꿈꾸는 삶을 찾아서

치앙마이에서 한 달 살기, 새로운 종족이 뜬다 • 132
라이프워크, 직업 말고 가슴 뛰는 '일' • 137
사람의 마음을 움직이는 비결 • 144
질투심에 담긴 속마음 • 148
야매인생, 한번쯤 마음대로 살아보고 싶다면 • 154
하고 싶은 대로 살면 정말 행복할까? • 162
좋아하는 것에 꿈꾸는 삶의 힌트가 있다 • 173
진짜를 가려내는 욕망분석법 • 178
이 삶은 내게 기대하는 바가 없다 • 183

4 어떻게 살까? 나만의 답을 찾아서

인간의 한계는 어디까지일까? • 186
무전여행, 발톱 잃고 자신감을 얻다 • 188
나홀로 월악산행, 용기도 근육처럼 길러진다 • 197
호주 1년, 새로운 나를 만나고 싶었다 • 204
내 마음이 편한 길을 따릅니다 • 216
어느 길이 좋은 길인가 • 223
1년 3모작 인생, 나는 언제 행복한가? • 228
내 미래,를 만나는 법 • 235

5 새로운 시작? 스스로 격려할 때 멀리 갈 수 있다

쉬울 필요 없어요. 가능하기만 하면 • 248
내 인생의 마인드코치 • 250
인생이 잘 안 풀릴 땐, 셀프만트라를! • 255
제 장례식에 놀러오실래요? • 260
자유공화국을 선포합니다! • 266
진정한 용기란 • 270
평범함을 특별함으로 바꾸는 힘, 자기 믿음 • 272

끄트머리에서. 내가 가는 길이 곧 내 길 • 278
감사의 말 • 282

추천사. 진짜 젊은이 (feat. 구본형)

나는 이 아이를 '진짜 젊은이'라고 부릅니다.

내가 이 아이를 만난 것은 2006년 봄이 시작될 때였습니다. 벚꽃이 지천으로 흩날리는 남해도 남쪽 바다가 보이는 집에서 이 여자아이를 처음 보았습니다. 그때 우리는 그곳에서 연구원들 전체 모임을 가졌는데, 연구원 중에서 가장 어렸습니다. 이 아이를 보면 가지가지 재미있는 실험과 모색의 이야기로 가득한 커다란 꿈자루 같다는 생각이 듭니다. 참 재미있는 아입니다.

나는 이 아이를 좋아합니다. 진짜 젊은이이기 때문입니다.

그녀는 학교 다니는 동안 호주에서 1년 간 일을 하며 보냈습니다. 농장에서도 일하고 거리에서 팬플룻을 불어 먹을 것을 해결하기도 하면서 그렇게 지냈습니다. 시시한 어학연수가 아니라 진짜 '젊은 방황'이었지요. 서울에서 부산까지 무전여행을 하기도 하고 '나'를 연구하기 위해 지리산에서 한 달간 단식을 하며 자신의 천직을 끊임없이 찾아 다닙니다. 몇 개월간의 만만찮은 트레이닝을 거쳐 히말라야를 다녀오기도 했습니다. 히말라야 트래킹을 하며 '살아있음'에 대한 절정감을 느꼈겠지요. 어느 날 한숨을 쉬며 '나도 한 번 해 보고 싶은데' 하는 것들을 그녀는 온 몸을 던져 실행합니다. 그녀의 전문 분야는 '행동'입니다. 그녀는 남들이 쉽게 할 수 없는 일을 실천하는 힘을 가졌습니다. 그녀의 화두는 '내가 정말 하고 싶은 일을 찾아 자신을 불지르는 것', 그리하여 스스로를 '방황 전문가'라고 부릅니다.

그녀는 20년간 방황한 경험을 살려 '방황교과서'를 썼습니다. 그녀는 글을 쓰면서 알았을 것입니다. 그 시절, 그 순간에는 그야말로 혼란의 연속이던 것들이 돌아보면 하나의 줄거리를 이룬 것처럼 보일 것이라는 걸 말입니다. 그야말로 모든 것이 완벽했으며, 모든 것이 '적시'에 일어났다는 것도 이해하게 될 것입니다. 두려움은 미지의 세계로 들어서는 흥분의 다른 말이며, 불안은 살아있음을 계속할 용기라는 것도 말입니다. 그러므로 순간순간 삶의 떨림과 충만함을 따라가야 한다고.

모든 사람이 다 벼랑 끝에서 하늘로 날아오르는 데 성공하는 건 아닙니다. 그러나 벼랑 끝에서 뛰어내리지 않고 하늘을 나는 새는 없습니다. 이 아이는 날아오르기 위해 수 십 번이고 뛰어내릴 것입니다. 나는 이제 겨우 그녀의 진짜 여정이 시작되었다는 걸 압니다. 그녀는 앞으로도 자기가 살아 있다는 것을 수없이 확인하고 증명해 보일 것입니다. 이 아이의 가슴에는 순치되지 않은 싱싱한 '날 것'이 있습니다. 죽일 수 없는 젊음이 있어요. 그녀에겐 꿈이 있습니다. 그리고 결코 그 꿈을 포기하지 않을 것입니다.

나는 믿습니다. 무엇이 되든 결국 그녀는 '그녀'가 될 것이고 자신의 삶을 모험처럼 즐기게 될 것이라는 것을 말입니다. 나는 오늘 그녀에게 짧은 편지를 씁니다.

"축하한다. 하고 싶은 떨림을 찾아 나선 모험 길에,
드디어 마음대로 작동하는 우주 하나가 생겨났구나.
젊은 심장은 숨 쉴 더 많은 공간을 필요로 한다.
그것은 무한을 갈망하기 때문에 가두어 둘 수 없다.
늘 아무것도 없고 무엇인지 모를 '어떤 것'을 갈구한다.
그 '어떤 것'은 느닷없이 우리를 찾아와 놀라운 체험을 겪게 한다.
그 체험이 바로 삶이다.

너의 삶은 수많은 경이로움으로 가득 찰 것이다.
아, 인생을 하고 싶은 일로 가득 채우는 일.
그 일보다 신나는 일이 어디 있겠느냐?
좋아하는 일을 하면서 보내기에도 너무 짧은 인생인 것을…
나는 언제나 고함을 질러 너를 응원한다."

(*본 추천사는 고 구본형 선생이 김글리 저자에게 생전에 쓴 편지와 칼럼을 인용하여 재편집한 글입니다.)

어디선가 황금실에 관한 전설을 들은 적이 있다.
황금실은 너무 희미해서 처음에는 잘 보이지 않는다. 하지만 살펴볼
의지를 내면 점점 또렷하게 자신의 모습을 드러낸다고 한다.
황금실이 주는 의미는 이러하다.

뜻이 있다면 길이 있고,
그 길은 찾고자 하는 사람에게만 보인다는 것.

"지상에서 살고 있는 동안에는
네가 무슨 일을 하든 금하지 않겠노라.
인간은 노력하는 한 방황하는 법이니라."
-괴테, ≪파우스트≫ 중에서

1

**이대로 살아도 괜찮을까?
문득 의심이 들때**

Life Adventure

이 길이 내 길일까? 지금 당장 그만두고 싶을 때
🍃 5천 명의 마라토너가 실격된 이유

살다 보면 '이 길이 맞는 건지, 이대로 살아도 괜찮은 건지' 의심이 들 때가 있다. 그럴 때면 나도 모르게 두리번거리게 된다. 이 길로 계속 가도 괜찮을까? 내게 제대로 가고 있는 걸까?

_스프링복 현상

'스프링복'이라는 동물이 있다. 아프리카 영양인데, 온순하고 조심성 많은 초식동물이다. 그런데 간혹 집단 떼죽음을 당하는 사태가 벌어져 과학자들이 조사를 시작했다. 스프링복은 무려 시속 100km의 속도로 뛸 수 있는데, 점프력도 좋아 한 번에 3~5m까지 점프를 할 수 있다. 그런데 치명적인 단점이 있었다. 한번 뛰기 시작하면 무리 전체가 뛰기 시작해서 제때 멈추지 못한다는 것이다. 평상시에는 평화롭게 살아가서 문제가 없지만 개체수가 많아지고 무리가 커지면 상황이 달라진다. 풀이 모자라면 후미의 스프링복이 신선한 풀을 먹으려고 더 빨리 이동하는데, 이 영향으로 무리 전체가 뛰기 시작한다. 속도는 점점 더 빨라지고, 이 광란의 질주는 벼랑을 만나서야 끝이 난다. 이때는 멈출 수도 없고 되돌아갈 수도 없는 상태라, 벼랑에서 무려 90%가 죽고 10%만이 생존한다고 한다.

이처럼 이유도 모른 채 따라가기만 급급한 현상을 두고 '스프링복 현상'이라고 부른다. 바쁘게 지내다 보면, 하루하루 살아가는 데에 몰두하여 내가 애초에 왜 이 일을 시작했는지, 이 길이 맞는 건지 생각할 틈도 없이 지내기 쉽다. 남보다 뛰어난 실력으로 주변의 인정까지 받는다면 말할 것도 없다. 그런데 만약 내가 뛰고 있는 이 길이 잘못된 길이라면 어떨까?

_5천 명의 마라토너가 실격된 이유

2013년 영국 동북부에서 마라톤 대회가 열렸다. 무려 5,000명이 넘는 참가자가 뛰었는데 단 한 명을 제외하고 모조리 실격 처리되어, 큰 화제가 된 적이 있다. 대체 무슨 일이 있었던 걸까?

상황은 이러했다. 선두그룹이 가고 있었는데, 1위가 치고 나가며, 2위, 3위 선수와 격차가 상당히 벌어지게 되었다. 그런데 2위 선수가 어느 지점에선가 경로를 잘못 보고 이탈하여 뛰게 되었고 그 뒤를 따르던 3위, 4위를 비롯한 5,000여 명의 선수들도 다 같이 길을 잘못 들게 되었다. 결국 정확한 경로를 따라간 선두주자만 대회의 유일한 완주자가 되었고, 나머지 주자들은 결승점을 통과하고도 264m를 덜 뛰어서 전원 실격 처리됐다. 참으로 황당하고 억울한 해프닝이 아닐 수 없다.

경영학의 대가인 짐 콜린스(Jim Collins)는 수많은 기업연구를 통해, "빨리 가는 '속도'가 아니라, 제대로 가는 '방향성'이 중요하다"고 강조한다. 내가 어디로 가는지 모른 채 아무리 빨리 가봐야 원하는 곳에 가 닿을 일이 희박하다는 것이다. 실격 처리된 선수들은 사실 누구보다 열심히 뛰었다. 이들에게 잘못은 없었지만 단 하나, 치명적인 실수가 있었다.

뛰는 동안 '이 길이 맞는 건가?'
한 번도 의심하지 않았다는 것.

_지금 이 길이 맞는 걸까? 의심한다면

지금 이 순간에도 많은 사람들이 최선을 다해 뛰고 있다. 개중에는 자신의 방향대로 가는 사람도 있고, 내가 어디로 가고 있는지 모른 채 열심히만 뛰는 사람도 있다. 방황하는 자들은 그 사이 어디쯤이다. 무리에 휩쓸려 무작정 뛰다가 홀연히 멈춘 것이다. 그리고 내가 왜 이렇게 뛰고 있는지, 대체 어디로 가고 있는지, 자신에게 물어보고 있는 것이다.

'지금 내가 가고 있는 이 길이, 정말 맞는 건가?
이대로 살아도 괜찮을까?
내가 진짜 원하는 게 이런 거였나?'

대개 이런 시간을 맞이하게 되면, 괴로워하거나 쓸모없다고 여기지만, 사실 더없이 좋은 타이밍이다. 의심이 드는 이런 순간이야말로 '인생의 방향'을 다시 생각해볼 더없이 좋은 시간이기 때문이다.

 지금 이렇게 살아도 괜찮을까?
 이 길이 정말 내 길일까?
 이런 물음들이 자꾸만 생성된다면,
 열심히 살았는데도 뭔가 공허하고 허무하게 느껴진다면,
 잠시 멈추고 내가 왜 뛰는지, 어디로 가고 있는지…
 스스로에게 되물어야 한다.
 그건 방향을 다시 설정하라는, 내면의 외침이니까.

나는 27살에 그때를 맞았다.

길이 보이지 않을 땐 딴짓을 권함
🍃 내 삶에 소외되지 않기 위해

27살. 당시 모 NGO 단체에서 교육기획가로 일하고 있었다. 야근이 많긴 했지만 일은 재밌었다. 하지만 마음이 어딘가 모르게 계속 불편해 왔다. 퇴근길이면 내가 여기서 뭘 하고 있지? 라는 생각에 허무해졌고, 꽉 짜인 조직생활은 갑갑하기만 했다. 월급날이 되어도 전혀 기쁘지 않았다. 내게 필요한 건 돈이 아니라 내 시간과 에너지를 하고 싶은 일에 모조리 쓰는 것이었다.

그렇다고 일을 그만두기는 어려웠다. 첫 번째 정규직이었고, 그만두면 실망할 부모님의 얼굴도 생각났다. 그래도 최소 2년은 무조건 버텨야지, 마음 먹었다. 그렇게 하루 하루 지냈는데, 퇴근길마다 알 수 없는 짜증과 분노에 휩싸이곤 했다. '다 때려치우고 싶다. 이 세상에서 사라지고 싶다. 일주일만이라도 죽도록 아팠으면…' 나도 모르게 이런 말들을 되뇌고 있었다. 더 이상 버티기 어렵다고 느꼈을 때, 일주일 간 여름휴가를 떠났다. 어떻게 할지 생각을 정리하고 싶었다.

마음의 갈피를 잡지 못한 상태로 휴가를 보내다, 마지막 날 등산을 했다. 그런데 하산하는 길에 그만 발을 헛디뎌 넘어지고 말았다. 당시엔 별 탈이 없었는데, 다음 날 아침 자리에서 일어날 수가 없었다. 허리가 심상치 않았다. 당장 병원에 가서 MRI를 찍었다. 결과를 기다리며 병원 침대에 누워있는데, 잠시 후 의사가 오더니 다급하게 말했다.

"상태가 생각보다 중증이에요. 척추 맨 아래 디스크가 터져서 흘러나왔네요. 이 상태라면 입원도 생각하셔야겠어요."

병명은 '척추 추간판 탈출증', 흔히 말하는 허리디스크였다. 의사는 완쾌되는데 최소 석 달 이상 걸리고, 적어도 한 달은 입원 치료를 받아야 한다고 했다. 나는 바로 회사에 연락해 병가를 내고 입원했다. 허리가 너무 아파 말도 안 나올 지경이었지만, 희한하게 내 마음은 크게 안도하고 있었다.

'드디어… 내 시간을 갖는구나…'

_살고 싶은 대로 살 수 있을까?

완쾌되는 데는 생각보다 오래 걸렸다. 한 달을 입원 치료하고도 꼬박 넉 달을 식물인간처럼 누워만 지냈다. 아무것도 못 하고 온종일 누워 있자니 생각만 많아졌다. '앞으로 어떻게 해야 하나… 나는 앞으로 어떻게 되는 걸까. 직장은…?'

더 이상 직장생활은 하고 싶지 않았지만 빨리 나아서 돌아오라는 팀장님의 응원을 받고서, '회사 그만두겠습니다'라는 말은 차마 할 수 없었다. 그만두면 무엇을 해서 먹고 살 건지도 몰랐다. 그대로 백수 될 확률 100%. 하지만 회사 돌아간다고 해서 지금보다 더 나아지리란 보장도 없었다.

지나온 시간을 돌아보다, 문득 억울해졌다. 새벽이면 어학 공부를 하고, 점심시간엔 도서관 가서 글을 쓰고, 퇴근 후면 강연이나 세미나 들으며 뭐든 '열심히' 했다. 열심히 살면 행복해 질 거라고 해서, 똥줄 빠지게 살았는데, 돌이켜보니 바쁘기만 할 뿐 행복하지 않았다.

미래를 선택해야 한다는 생각에, 남은 병가 동안 하루가 지날수록 초조해졌다. 지금 내가 정말로 포기하고, 선택해야 할 건 무엇일지, 결정해야 했다.

앞으로 뭘 해야 할까? 별별 생각이 떠올랐다. 책 써서 밥 벌어 먹고 살까? 번역해서 돈을 벌어볼까? 아니, 20대에 백수로 살면 안 되나? 왜 굳이 일해야 하지? 20대엔 일하지 말고 놀아야 한다는데까지 생각이 발전했다. 하지만 직장을 그만두는 건 여전히 두려웠다.

'대부분이 가는 길을 떠나서 살 수 있을까? 정말 내 마음대로 살아가도 될까? 어떻게 해야 할까?'

주변 사람들에게도 상의해봤지만 별 뾰족한 수는 없었다. 그러다 여행작가 빌 브라이슨(Bill Bryson)의 책 ≪나를 부르는 숲≫을 읽게 되었다.

_ 내 삶에 소외되지 않기 위해

이 책은 브라이슨이 애팔래치아 트레일을 몇 달간 걸으며 쓴 기행담이다. '뉴욕타임즈'의 3년 연속 베스트셀러였고 기행문학의 현대고전으로도 꼽히는 좀 대단한 책이다. 한번 책을 펼치면 끝까지 낄낄대며 읽을 수 있을 만큼 재밌다!

사실 저자로 말할 것 같으면 배가 남산만 한 데다 생전 운동이라고는 안 해 본 중년남성으로, 하루 10km를 걷는 것도 좀 무리인 그런 체력의 소유자다. 그런 그가 조지아주에서 메인주에 이르는 3,360km에 달하는 엄청난 길이의 애팔래치아 트레일을 꿈꾸게 된 계기가 책 초반에 나온다.

어느 날, 브라이슨은 집 근처를 산책하다 우연히 애팔래치아 트레일을 발견한다. 이 길은 해마다 2,000여 명이 도전하지만

10%도 안 되는 숫자만 종주에 성공하는, 고난이도 코스다. 그런데 그 길에서 막 대학을 졸업한 젊은 커플을 만난다. 대학 졸업 기념으로 6개월 동안 트레킹 중이라는 그들은 상큼하게 자신의 길을 즐기고 있었다. 멀어져 가는 커플의 뒷모습을 보며, 브라이슨은 끊임없이 뭔가를 해야 했던 자신의 삶을 돌아보게 된다.

> "항상 지금은 다음을 위한 과정에 불과하다.
> 나쁘게 보면 근근이 갚아 나가는 빚진 죄인 같다.
> 철학적으로 말하며 자신의 삶에서 자신이 소외되고 있다.
> 빚을 다 갚았을 때, 아이들이 다 자라고 직장에서 놓여 날
> 나이에는 이미 자신에게 시험해볼 만한 것들은 남아있지 않다."
> -위의 책, 13p

너무 달리고 있어 종종 어디로 가고 있는지, 내가 왜 가고 있는지조차 잊을 때가 많은 인생에서 브라이슨은 브레이크를 걸기로 한다. 자신의 삶에서 소외되지 않기 위해서, 아니 빚지지 않기 위해서. 그는 애팔래치아 종주를 꿈꿨고, 결국 행동으로 옮겼다.

_ 때로는 그만두는 용기가 필요해

당시 나도 그와 비슷한 심정이었다. 내가 진짜 두려웠던 건 세상으로부터 소외되는 것이 아니었다. 내 삶에서 소외되는 것,

그게 진짜 무서운 일이었다. 죽을 때가 되어서야, '이렇게 살아볼걸', '그때 이렇게 해야 했는데'라고 후회하는 게 가장 두려웠다. 내 마음은 계속해서 말하고 있었다.

'내가 원하는 건 지금의 삶을 더 열심히 사는 게 아냐.
지금과는 다르게 사는 거라고.'

계산기를 두드려 봤다.
인간이 지구에 태어날 확률은 무려 100조 분의 1이라고 했다. 그런데 이대로 살아서 행복할 확률은 고작 0.000001%.
이대로 이 귀중한 시간을 끝내고 싶지 않았다. 나만의 방식으로, 내가 행복한 방식으로 살고 싶었다. 그러자면 선택해야 했다. 선택할 때는 무엇을 가질 건가 보다 무엇을 포기할 것인가를 고려하라는 말을 들은 적이 있다.
무엇을 포기할 건가, 그건 명확했다.

27살. 한 달간 고민한 끝에 '재활치료'를 사유로 사표를 썼다. 친구들은 경력을 위해, 결혼 혹은 독립의 기반을 마련하기 위해 열나게 일하고 있는 때, 나는 회사를 떠났다. 사람들은 앞으로 뭐 할 거냐고 물어왔지만, 뾰족한 답은 없었다. 그저 한 번이라도 내 마음대로 살아보고 싶었을 뿐.

불안, 살아있음의 또 다른 이름

"20대는 누구나 불안하다.
화려하고자 하는 욕망과
자신에 대한 가능성을 믿고 싶지만
마주한 현실은 숨 막히는 평범함이다.
스스로를 위로하려 하지 말고
남에게서 받은 위로를 믿지 마라…"
-유수연, ≪23살의 선택, 맨땅에 헤딩하기≫ 중에서

대학교 때 한 친구의 싸이월드 미니홈피에서 윗글을 보고, 무릎을 쳤다. 맞다 맞아. 너무 아프도록 와 닿았다. 20대 때 나는 이유 없이도 자주 불안하고 우울했다. 대체 내가 여기에 왜 있는 건지, 뭘 하고 있는지, 앞으로 뭘 해야 할지 도무지 알 수 없어서 수시로 힘이 빠졌다. 열정적이 됐다가 곧바로 좌절하고, 뭐든 다 할 수 있을 것 같다가도 쉽사리 자신감은 바닥이 되고…아무리 날고 걷고 뛰어도, 언제나 컴컴한 터널이었다.

깊은 우울, 신은 이렇게 답했다

Thanks God, It's Friday!
모두가 랄라라 하는 금요일 아침, 나는 눈물이 났다.
이 소중한 하루가 아무 의미 없이 시작되었다는 사실에 화가 났다.

젠장, 이 빌어먹을 신들아, 입이 있다면 답해봐.
내가 대체 여기서 무얼 하고 있는 거지?
내가 대체 왜 여기 있는 거지?
나는 절규하듯 노트북에 뱉어버리고 쾅, 덮어버렸다.

그런데 노트북을 덮은 순간부터, 하루가 내 의도와는 다르게 제멋대로 흘러가기 시작했다. 거실 한편에 감자가 박스 채 있는 게 눈에 띄었다. 얼마 전 시골에서 부모님이 구본형 사부님을 드리라고 보낸 것이다. 그런데 일주일째 못 드리고 묵혀둔 참이었다. 우울해서 어디고 나가고 싶지 않았지만, 감자에 싹

이 나기 시작해서 더 이상 미룰 수가 없었다. 사부님께 전화를 드리고 약속을 잡았다. 감자를 갈무리해서 상자에 잘 담기 시작했다. 그런데 놀랍게도 감자가 말 걸어왔다.

"이봐 이봐, 너 요즘 우울하대매?"
"(흥. 감자주제에…) 그래. 요즘 우울해 미치겠다. 어쩔래? 젠장. 삶에 의미가 없어. 내가 왜 사는지 모르겠다고. 난 아무런 존재가치도 없어. 제기랄 꿈이 다 뭔 소용이야. 사람이 다 뭔 소용이야. 나 따위 그냥 없어져 버리면 그만인데."

"감자 주제에 한마디만 할게. 난 삶의 의미 따윈 몰라. 하지만 날 봐. 난 아주 짧은 순간이라도 적당한 수분, 공기만 있으면 어디서든 싹을 틔워내. 어디서든 최선을 다해 나를 꽃피우는 거, 그게 내가 할 수 있는 최선이거든. 내가 왜 고구마로 태어나지 않고 감자로 태어났을까… 이런 생각 따윈 할 겨를이 없다고."

할 말이 없었다. 감자 주제에 어디서나 싹을 틔우려고 애쓰는 게 대단해 보이긴 했다. 감자가 갑자기 신이라도 된 걸까? 나는 말 없이 그 감자들을 상자에 고이 담아 사부님댁에 가져갔다. 사부님은 추리닝을 입고 온 우울한 봉화처녀에게 잘 익은 사과와 배, 호두를 내어주셨다. 햇살이 잘 드는 부엌에서 오전 내내 나는 사부님과 함께 호두를 까먹으며 이런저런 이야기를 나누었다. 나의 우울에 대해 사부님의 답은 간단했다.

"젊은 땐 그런 법이지."
나는 또 할 말이 없어졌다. 사부님의 말은 이어졌다.

"삶의 의미를 묻는 것도 좋지만, 너무 거기에 매이면 지치게 돼. 그저 살아있다는 거, 그것만으로도 좋지 않으냐. 저 앞에 나무들을 보아라."

한쪽 벽이 온통 유리로 된 사부님댁 부엌으로 북한산이 통째 보였다. 하늘은 파랬고, 햇살은 막 피어나고 있었다. 사부님은 등산 갈 것을 청하셨다. 우리는 북한산으로 이어진 사부님댁 뒷길을 걸었다. 사부님과 나는 말이 그리 많지 않다. 앞서거니 뒤서거니 산길을 걸으며 사부님은 부러 내게 막 피어난 벚나무 꽃망울이며, 제비꽃을 보여주셨다. 마치 '살아있다는 것만으로도 좋지 않느냐'듯. 황금 같은 오전 동안 내가 꺼내 보인 건 '겨울 같은 우울'이었는데 사부는 내게 '깃털 같은 봄'을 보여주었다. 마음이 그 봄처럼 가벼워졌다. 신이 사부님을 대신 보낸 걸까?

따르릉.
따스한 오전을 보내고 집으로 오는데, 오랜만에 기찬오빠 전화가 왔다. 뭐지? 갑자기 내게 점심을 함께 하자고 했다. 마침 시간이 비어서 재동오빠와 함께 셋이서 인사동에서 점심을 먹었다. 기찬오빠는 나의 이 빌어먹을 저지르는 습성을 유난히 잘 이해해 주는 사람이다. 나를 바꾸려 들지 않는 몇 안

되는 사람 중 하나이기도 하다. 오늘 아침 내가 블로그에 올린 '이 빌어먹을 신들아' 글을 보고서 연락을 해왔단다. 내게 신이 필요할 거 같은데 신은 바쁘니 자기가 대신 왔다고. 그는 밥 먹는 내내, 눈을 부라리며, 온갖 제스처를 쓰며 신의 말을 대신 전해주었다.

"너의 '귀자다움'을 그대로 살리면 돼. 그럼 끝이야."
돌아오는 길, 발걸음이 조금 가벼워졌다.

띠링.
이번엔 문자다. 어랏, 병곤오빠네.
"어제 본 얼굴이 안 좋던데, 무슨 일이 있니?"

아무도 날 신경 쓰지 않는다고 우울해하던 차, 사부님에게도 인정받은 이 성실한 독종은 내 걱정을 친히 해주었다. 아, 나도 사랑 받고 있구나. 그의 관심이 새삼 고마워졌고, 나도 모르게 얼굴에 웃음꽃이 피었다. 나 따위 아무런 가치가 없다고 생각하는 순간, 신은 내게 병곤 오빠의 문자를 보내줬다.

그리고 사무실. 오늘은 희망제작소에 공식 출근하는 마지막 날이었다. 얼마 전 다른 곳에 '취업'을 한 관계로 다음 주부터는 다른 곳에서 일한다. 그 동안 함께 했던 연구원들이 내게 저녁을 함께 먹자고 청했다. 귀자씨, 그동안 수고했어요. 마지막인데 같이 저녁 먹어요. 정말 시원한 국물이 일품이던 생태

탕을 떠먹으며 한 연구원이 말했다.

"그동안 많은 인턴이 왔다 갔지만, 귀자씬 정말 인상 깊은 인턴 중 하나였어요. 처음에 딱 와서 '나는 돈 버는 건 당분간 생각 없다. 나를 더 많이 알고 싶고 내가 좋아하는 일에서 경험을 쌓고 싶다'는 말을 하는데 엄청 충격이었어요. 난 그걸 이제야 생각하는 중인데... 그동안 많이 배웠어요."

내가 그런 말도 했던가? 잘 생각나지 않았다. 어쨌든 내가 전혀 의도치 않은 영향이었다. 나는 살 가치도 없다고 생각해서 우울했는데, 그 말을 듣는 순간 내가 살아야 할 가치가 적어도 백 만배 있어졌다. 맥주까지 한잔 걸치고, 기분 좋게 밤 11시에 자전거를 타고 집으로 돌아왔다.

자전거를 타고 오면서 드는 생각은,
'아무리 생각해도 오늘 하루는 기적이다'란 것.
아침부터 밤까지 이 빌어먹을 신은,
"네가 살아있는 것만으로 좋지 않느냐, 네가 너인 것만으로도 정말 좋지 않느냐."며, 감자를 통해 사람들을 통해 내게 끊임없이 말을 걸어왔다. 덕분에 아침의 개떡 같은 기분은 오늘 하루가 지나면서 천국에 있는 기분으로 바뀌었다.

다음날은 토요일.
아직 모두가 자고 있을 어둑어둑한 새벽 5시,

부스럭부스럭 일어났다.
그리고 한 번도 가본 적이 없는 곳으로 가기 위해
낯선 버스에 몸을 실었다.
좋아하는 음악을 들으며,
차창 밖으로 스쳐 가는 새벽의 거리를 보았다.
새벽빛이 일렁이며 거리마다 한 줄기씩 스며들고 있었다.

그 순간, 심장이 쿵쾅거리며 내게 말을 건넸다.

I'm Alive! (내가 살아있어!)

불안감의 실체

아침부터 기분이 좋지 않습니다.
활쏘기를 연습하다 화살을 놓치는 바람에 시위에 왼쪽 뺨을 한 대 얻어맞았습니다. 그 때문만은 아닌데 자꾸만 슬퍼지고, 짜증이 나려 합니다.

어제 내도록 컴퓨터 앞에 앉아서 앞으로 쓸 책 목차를 신나게 잡았습니다. 그런데 막상 오늘 쓰려 하니 두려움이 몰려옵니다. 책을 읽을 사람들이 떠오릅니다. 그들이 두렵습니다. 성공도 두렵고 실패도 두렵습니다.

해야 할 것들이 끝도 없이 떠오릅니다.
학과 공부도 해야 하고, 글도 써야 하고, 경제 공부도 해야 하고, 영어도 해야 하고, 코칭 공부에 운동도, 아이고오 ….

지금 제 몰골도 우울함을 더합니다.

얼마 전 일명 '양배추펌'이라는 아프로 머리를 해서 3일째
머리를 못 감았더니 떡까지 졌습니다. 이젠 스타일이고 뭐고
없습니다. 내일이면 산뜻하게 머리를 감을 텐데 하필 오늘
같은 날, 모임이 2개나 잡혔습니다. 정말 우울합니다.

어제 안경테를 리모델링한다고
의욕적으로 은색라카를 칠했다가 폭망했습니다.
어디 골동품가게에서 주워온 듯 합니다.
그걸 쓰니 '바보' 같습니다. 젠장, 난감합니다.

이러저러한 일들로 우울함을 잔뜩 뒤집어 쓴 채
점심시간에 낮거리를 걸어 다녔습니다.
골동품 같은 안경은 벗고서 말이죠.
햇볕이 따사롭습니다.
그 해가 너무 좋아서 횡단보도를 건너려다 말고
5분 동안 그 앞에서 멍하니 서 있었습니다.
횡단보도 건너편을 보니 사람들이 잔뜩 서 있습니다.
무슨 군단처럼 보여서 '여고생들이 어디 소풍이라도 가나'
싶었습니다.

가만히 서 있는데 왠지 그 쪽 편이 의식됩니다.
파란 불이 한 번 더 바뀌고서야 길을 건넜습니다.
건너고 보니 여고생 군단은, 가판에 진열된 스타킹이더군요.

허~
안경을 벗어서 제대로 못 본 탓입니다.
그걸 보고서 사람이라고 생각하고, 또 혼자 그들의 시선을
의식한 게 우스워졌습니다.

그런데 말입니다.
오늘 하루 느꼈던 우울, 두려움, 좌절의 실체도,
알고 봤더니 고작 '스타킹'이 아니었을까요?

허~
왠지 그럴 거 같습니다.
이거 갑자기 마음이 가벼워집니다.
결국 귀한자식의 기~인 넋두리 리포트,
스타킹으로 마감되네요.

허~

예정된 미래로부터 탈출하라!
🌿 열심히 살아도 행복하지 않다면

1986년 ≪나는 아직 도착하지 않았다≫ 책이 나오고 일본 열도에 여행 바람이 불었다. "이 책을 읽고도 배낭여행을 떠나지 않으면 젊은이도 아니다!"라는 말이 생길 정도였다. 일본 젊은이들이 배낭을 매고 떠나게 만든 장본인은 바로 '사와키 고타로'. 그는 당시 일본 최정상급 논픽션 작가로 승승장구하고 있었다. 그런데 안정 궤도를 찾아가는 시점에서 모든 걸 버리고 떠난다.

입사 첫날 회사를 그만두고, 우연히 프리랜서 르포라이터가 된 나는 꽃피는 어느 봄날 모든 의뢰를 거절하고 하던 일도 포기한 채, 돈만 받고 착수도 하지 않은 책의 인세를 달러로 바꿔 여행에 나섰다. '당신의 글은 궤도에 올라섰어. 지금이 제일 중요한 때야.' 이렇게 충고하는 사람도 있었지만, 세상에서 잊혀지는 것은 두렵지 않았다. 그보다는 '미래를 잃는다'는 형벌 집행을 유예시키는 것이 더 중요했다. 내가 여행을 통해서 얻어내려 했던 것이 바로 그것이다. 무작정 떠난 유라시아 버스 여행은 나에게 어떤 상황에 처하더라도 살아갈 수 있다는 자신감을 선물해줬다.

-위의 책, 212p

_떠나야만 할 때가 있다

입사 첫날 남들처럼 양복을 입고 샐러리맨의 행렬에 몸을 맡기며 걷다, 바로 그때 회사 따위는 집어치우자는 결심을 한 사와키. 이제 막 안정궤도를 찾아가던 미래를 박차고 나오며, 당시 상황을 이렇게 표현한다.

예정된 미래로부터의 탈출

이 책의 원제는 '심야특급(MidnightExpress)'이다. 심야특급- 즉 미드나잇 익스프레스는 터키 교도소 수감자 사이에서는 '탈옥'을 의미한다.

사와키는 자신의 인생이 한 방향으로 결정돼 버리는 것이 미래를 잃어버리는 것이라고 생각해서, 프로작가의 세계를 선택하지도 그렇다고 다른 길을 찾지도 않은 채 모든 걸 유예시키기로 한다. 그리고 런던까지 버스로 여행하는 대장정에 나선다. 여행의 이유는 단순했다. 아무 의미도 없고, 누구라도 할 수 있는 그러나 미친놈이 아니고서는 하지 않은 일을 하기 위해서…였다.

동전까지 탈탈 털어 마련한 2,000달러와 옷 몇 가지, 지도 몇 장을 가지고 출발한다. 계획도 일정도 없지만 6개월 후에는 런던에 가 있으리라는 기대는 있었다. 그는 유명 관광지를 단 하루 만에 주파하고, 별 볼 일 없는 시골 마을에 몇 주씩 장기 체류하기도 하면서, 미처 꿈꿔보지 못한 삶들을 엮어간다.

_예정된 미래로부터의 탈출

때론 아무것도 정하지 않고, 막연한 상태를 연장하고 싶을 때가 있다. 아직 미처 피워보지 못한 다른 미래를 지워버리고 싶지 않아서다. 직장을 그만두었을 때 사와키와 비슷한 마음이었다. 이미 각본이 짜인 미래로부터 탈출하는 심정이었다. 하지만 탈출은 했으되, 앞으로 뭘 해야 할지, 어디로 가야 할지 전혀 그림이 없었다. 과연 나는 뭘 할 수 있을까? 사실 예전부터 시간과 기회가 있으면 꼭 해보고 싶었던 게 있긴 했다.

'세계여행'

주머니 사정이 허락되는 한 세상을 구석구석 다녀보고, 많은 사람을 만나고, 다양한 세상을 경험하고 싶었다. 나는 지금이 기회라고 생각했다. 뭘 해야 할지 모른다면, 지금이 딴짓할 기회다!

사표를 쓴 뒤 요가와 물리치료를 병행해 열심히 재활 치료를 했고, 1년 만에 완전히 건강을 회복했다. 그리고 바로 짐을 꾸렸다. 언제 돌아올지 몰랐기에, 중국으로 가는 편도 티켓 한 장만 들고 길을 나섰다. 일단 실크로드를 따라 유라시아 대륙을 횡단할 계획이었다. 그 뒤의 일정은 가면서 정할 참이었다.

실크로드의 시발점이자 첫 번째 목적지인 중국의 시안(Xian)으로 가는 비행기 안에서, 이런 메모를 써두었다.

'길을 찾기 위해선, 길을 잃어도 봐야지.
지금 내가 서 있는 곳이 어디인지 모를 땐,
딴 길도 가보고 헤매도 봐야 한다.
가만히 서서는 알 수 없으니까.
뭘 해야 할지 모를 땐 딴짓을 권함.'

처음으로 내 길 위에 섰다.

나만의 속도로 가기

스물 아홉까지 실업자였던 사람이 있었다. 도대체 그가 왜 사는지도 알 수 없을 만큼 집에서나 사회에서나 아무것도 하는 게 없어보였다. 주위에서는 한심하다며 손가락질했지만, 정작 본인은 조금도 걱정하지 않았다. 서른이 넘어갈 무렵, 그는 돌연 미국으로 떠났다. 그리고 5년 뒤 그가 사업가로 대성했다는 소문이 들리기 시작했다. 뉴욕에서 전통 차(茶)를 팔아 큰 돈을 벌었다는 것이다. 훗날 다시 만났을 때 그 친구는 이렇게 말했다.

"나의 20대는 준비하는 기간이었어. 나는 20대에 반드시 무엇인가를 이루겠다고 발버둥치는 건 옳지 않다고 생각했어.
20대는 미래의 폭풍에 대비하는 기간이야. 철저히 준비를 한 뒤에 전쟁터로 나가는 거지. 꿈꾸고 생각하고 준비하는 것만으로도 10년은 결코 긴 기간은 아니야."

위는 ≪20대에 꼭 만나야 할 50인≫(나타카니 아키히로 지음)에 나오는 이야기다.

22살, 대부분의 친구가 충분한 숙성시간 없이 허겁지겁 청춘의 터널을 빠져나가는 것을 보았다. 꿈이 뭔지 혹은 내가 누구인지 가능성 탐색은커녕, 아무 데라도 들어가 밥벌이라도 하라는 주위의 독촉에 시달리며 사회로 나아갔다. 하지만 스스로의 중심을 잡지 못하는 나비는 멀리 날 수가 없는 법. 그렇게 미리 사회로 나갔던 선배들이 중년이 되어, '지금껏 내가 뭘 위해 살았는지, 내 꿈은 무엇인지 모르겠어.'라며 허탈해하는 모습들을 지켜 보았다.

그를 보며, 빨리 가는 게 정말 옳은 걸까, 생각하게 되었다. 20대는 속도가 아니라, 어떻게 살 것인지 방향을 모색하는 시간이어야 하지 않을까? 안정된 직장도 좋지만, 내 안에 어떤 가능성이 있는지 먼저 알아보는 게 중요하지 않을까? 행복해지기 위해선, 누구의 말이 아니라 내 가슴 속 불길을 따라 나만의 경험을 차곡차곡 쌓아가보는 것이 정말 필요한게 아닐까? 그런 생각들이, 자꾸만 들었다.

방황할 때는 미래를 생각하지 말 것
인생을 설계할 '나만의 갭이어'

'갭이어(Gap Year)'라는 게 있다.
갭이어는 고등학교 졸업 후 곧바로 대학에 들어가지 않고 그 '틈'인 1년 동안 자신이 원하는 일을 하도록 지원하는 제도이다. 1960년대 영국에서 처음 시작된 이래, 효과를 인정받고 유럽과 미국 등지로 전파되었다.

내가 갭이어를 처음 접한 건, 21살 때 호주를 여행하면서였다. 당시 많은 유럽 친구를 만났는데, "나 갭이어 중이야."라고 이야기하는 친구들을 심심찮게 보았다. 갭이어가 뭐냐고 묻자 한 친구가 이렇게 답해줬다.

"우린 고등학교를 졸업하면 바로 대학에 가지 않고, 1~2년간 유예기간을 가질 수 있어. 그동안 일을 하든, 여행을 하든, 공부를 하든 마음대로 할 수 있는데, 그러면서 내가 앞으로 어떻게 살지 생각해보는 거야. 나는 이번 여행 끝나면, 대학 가서 심리학을 공부하고 싶어."

사회가 젊은이들에게 공식적으로 인생을 설계할 시간을 준다니!! 엄청난 충격이었다. 막말로 우리는 앞날을 고민하려면 주변의 걱정과 잔소리를 견디며, 휴학하든 직장을 그만두든 그 시간을 '스스로 쟁취'해야 하는데, 이 친구들은 제도의 지원을 받으며 그런 시간을 가진단다. 진심, 심장 튀어나올 정도로 부러웠다.

_자신을 경험할 시간

예전에 IT 쪽에서 크게 성공하신 분이 강의 중 해준 말이 기억에 남았다.

"실리콘밸리를 성공의 요람이라고 하는데 그건 잘못된 말이에요. 오히려 실패의 요람입니다. 실패해도 계속할 수 있는 기회를 주지요. 99번 실패해도 1번 성공하면 그걸로 된 겁니다. 경험하지 않으면 자신에 대해서 잘 모르는 법입니다. 자신에게 줄 수 있는 가장 큰 선물은 바로 '기회'를 주는 거에요. 내가 무엇을 잘하는지 아는 기회요."

자신에게 줄 수 있는 가장 큰 선물은 바로 기회를 주는 것이라는 말엔 경험할 수 있는 시간을 주라는 뜻이 함축되어 있다. 잘하는 일을 찾고 싶다고 말하는데, 잘하는 일은 해보기 전에는 모른다. 마음 가는 대로 이것저것 해보며 내가 어떤 인간이며, 뭘 잘하고 뭘 못하는지 조금씩 알아가게 된다.

20대 때 내 모토는 '최대한 많은 걸 경험하기'였다. 그래서 19살 무전여행을 시작으로 20대를 지나며 대부분 길 위에 있었다. 히말라야 5천 미터를 오르고, 3년간 23개국을 여행했다. 20여 가지 아르바이트를 하고, 5가지가 넘는 일을 했다. 절에 들어가 한 두 달씩 수행을 하고, 30일 동안 지리산에 들어가 포도단식도 하고, 인도에 가서 석 달 동안 명상과 요가를 배웠다. 전국을 돌아다니며 사람들을 인터뷰하고, 책을 썼다.

그토록 다양한 경험을 하려고 했던 이유는, 한 가지. 내가 어떻게 살아가고 싶은지를 발견하기 위해서였다. 어떻게 살고 싶은지를 명확하게 알려면 먼저 내가 어떤 인간인지 알아야 했다. 내가 어떤 인간인지를 안다는 건, 간단하게 말하면 내가 언제 행복하고, 무엇을 잘 하고, 무엇을 견딜 수 없으며, 무엇이 내게 중요한 것인지를 아는 일이다.

자신을 알아볼 기회, 인생을 어떻게 살 건지 생각해볼 기회를 가지지 못한다면, 언제고 벽에 부딪히게 된다. 뭘 해야 할지 모르면 남이 좋다는 걸 할 수 밖에 없고, 자신의 답이 없으면 결국 남이 만들어놓은 답을 가지고 살 수밖에 없다. 그게 몹시 두려웠다. 내 인생을 누군가에게 맡기는 거.

_나만의 갭이어를 가지다

얼마 전 또 한 번의 퇴사를 했다. 책을 쓰기 위해서였다. 나는 가족들과 가까운 사람들에게 미리 6개월의 갭이어를 갖는다고 말해뒀다. 시간을 미리 정해두는 건 이유가 있다. 시간을 정해두고 시작하지 않으면 끝을 알 수 없기 때문에 마음이 조급해지고 불안해지기 쉽다. 하지만 기간을 정해두면 불안감도 덜어지고, 시간을 더 귀하게 쓸 수 있다.

6개월의 갭이어 기간 동안 내가 세운 목표는 2가지다.

> 1) 콘텐츠 제작자로 기반 닦기; 지난 20년 방황했던 경험을 책을 쓰고 직접 출판하며 역량을 다지기
> 2) 글로벌 투자가로 입문 하기 ; 해외 진출 기반 마련하기

나의 갭이어 하루 일과는 이렇다. 매일 아침에 일어나면 근처 공원으로 가서 산책을 한다. 아침산책으로 하루의 질이 매우 달라지기에 웬만하면 빼놓지 않고 한다. 오전 동안은 주로 글을 쓰고, 오후엔 필요한 공부와 기술을 습득한다. 남는 시간엔 사람들도 만나고, 운동도 한다. 인생을 설계하는 시간은 일종의 수련과 같아서, 몸과 마음이 힘이 있어야 한다. 그렇지 않으면 불안하거나 걱정 등으로 쉽게 지치고 만다. 그래서 그를 견딜 뱃심과 배짱을 유지하기 위해 운동과 명상과 같은 활동을 일상적으로 하려고 한다.

예전엔 뭘 해도 늘 시간에 쫓기는 기분이었는데, 지금은 시간과 한 몸이 되어 흘러가는 느낌이다. 뭔가 내가 살고 싶은 삶을 하루하루 만들어가고 있다, 는 기막힌 느낌이다. 이번에 갭이어를 가지면서 다시금 알게 된 게 있다.

'내가 살고 싶은 삶은 미래에 있는 게 아니라,
지금 보내는 하루하루를 어떻게 채우느냐에 달려있구나.'

지금 반드시 해야 할 필요는 없지만, 어느 순간 반드시 해야 할 고민이라면 그 고민은 빠를수록 좋다고 생각한다. 특히나 자신만의 뭔가를 만들어내거나, 자신만의 일/길을 만들고자 한다면 더더욱 인생을 설계한 나만의 시간을 필요하다. 그럼에도 불구하고 오늘의 방황이 괴롭고 이런 내 자신이 고민된다면, 다음 이야기를 들려주고 싶다.

_방황할 때는 미래를 생각하지 말 것

한 젊은이가 있었다. 그는 미국에서 대학원을 마치고 유럽으로 유학을 떠났다. 몇 년 뒤 다시 미국으로 돌아왔지만 그 해 세계를 강타한 대공황으로 직업을 구하지 못한다. 그는 구직하는 대신, 우드스톡이라는 작은 마을에 들어가 자신이 보고 싶은 책을 모조리 읽어가기 시작했다. 지독히 가난한 생활이 이어졌지만 그는 책상 서랍에 1달러를 넣어두고는 그 돈이 있는 한 괜찮다고 위안하며 버텼다. 그렇게 5년이란 시간을 자신에게 선물하면서 다음과 같은 약속을 했다고 전해진다.

"아무런 책임질 일을 가지고 있지 않을 때, 즉 방랑을 할 때는 미래에 대하여 생각하면 안된다. 특히 다음 두 가지에 대해서는 결코 생각해서는 안된다. 하나는 굶는 것이고, 또 하나는 다른 사람이 나를 어떻게 생각할까 하는 것이다. 방랑하는 시간은 긍정적이다. 성취에 대하여 생각해서는 안된다."

-구본형, ≪구본형의 마지막 편지≫ 중에서

5년 뒤 우드스톡을 나온 그 청년은 사라로렌스 대학의 교수가 된다. 이 사람이 바로 금세기 최고의 신화학자로 꼽히는 '조셉 캠벨'이다. 그는 다음과 같이 당부한다.

"모든 여행에는 자신도 모르는 비밀스러운 목적지가 있다.
    그러니 방황할 때는 미래를 생각하지 말 것.
    설령 자신이 어디로 가는지 몰라도 문은 열릴 것이다."

방향을 결정하는 힘
🍃 질문, 나를 이끌어주는 이정표

길을 잃으면 어떻게 다시 방향을 찾을 수 있을까? 나침반도 지도도 없는 상황이다. 아마, 몇 가지 방법이 떠오를 것이다. 북극성을 찾거나, 강이나 시냇물이 흐르는 방향을 살피거나, 시곗바늘 혹은 그림자의 방향을 살피면서 파악할 수 있을 것이다. 당신이라면 어떤 방법을 활용하겠는가? 나는 어떤 환경에서도 방향을 잡는 방법을 우연히 알아냈다.

그러니까 서울에서 부산까지, 영남대로 옛길을 따라 여행할 때였다. 동서남북은커녕 왼쪽 오른쪽도 가끔 헷갈리는 나로선 도보여행을 한다는 것 자체가 엄청난 도전이었다. 그냥 국도를 따라가는 것도 아니고, 길의 흔적이 이미 많이 사라진 옛길을 따라가자면 수시로 길을 체크하고 방향을 잡아야 했기 때문이다. 25만분의 1의 전국지도책이 있었지만 크게 도움 되지 않았다. 나 같은 길치는 지도를 보면 더 헷갈렸다.

결국 내가 쓴 방법은 사람들에게 묻기였다. 나의 방향감각을 나도 믿을 수 없어서 사람들이 보일 때마다 붙잡고 물었다. 그런데 십중팔구는 이렇게 말했다. "걸어서는 못 가." 혹은 "그냥 택시를 타고 가라." 낭패가 아닐 수 없었다.

어느 때는 엉뚱하게 고속도로로 빠지기도 하고, 길을 잘못 들어 1시간 반 되는 거리를 돌아 나오기도 하면서, 끝없이 헤맸다. 하지만 끝내, 목적지인 부산 동래성에 도착할 수 있었다!

수 없이 길을 잃으면서도 다시 방향을 잡고 목적지까지 갈 수 있었던 힘은, 과연 무엇이었을까? 바로 요 질문 덕이다.

"서울에서 부산까지 어떻게 가나요?"

내 질문에는 다다르고자 하는 목적지가 있었고, 가고자 하는 방향이 있었다. 설사 길을 모른다 해도, 도중에 길을 잃는다 해도 괜찮았다. 질문만 제대로 하면, 길을 찾을 방법은 얼마든지 있었다. 그때 배웠다.

사람들이 뭐라 하든 내 질문만 제대로라면,
결국은 내가 가고자 하는 곳에 이르게 된다고.

_질문의 힘

질문에는 힘이 있다. 질문하는 순간 우리의 뇌는 본능적으로 답을 찾고자 한다. 질문은 이정표와 같아서 생각의 초점을 바꾸고 의식의 방향을 이끈다. 위대한 성과를 내었던 위인들의 경우, 필생을 다해 좇던 질문이 있었다.

> 뉴턴: "왜 사과는 아래로 똑바로 떨어질까?"
> 아인슈타인: "뉴턴을 넘어서는 나만의 물리학은 뭘까?"
> 프로이트: "무엇이 인간의 마음을 지배하는가?"

질문에 대한 답을 찾아가는 과정에서 뉴턴은 과학의 획을 긋는 '만유인력의 법칙'을 발견했고, 아인슈타인은 그 유명한 '상대성 이론'을 만들었으며, 프로이트는 지금까지도 심리학에 지대한 영향을 끼치는 '무의식과 정신분석의 세계'를 탄생시켰다. 이처럼 어떤 질문을 하느냐가 생각의 수준을 결정하고, 그게 삶의 질을 만든다.

질문은 생각을 이끌고, 생각은 삶을 이끈다. 그래서 질문이 삶의 방향을 결정한다고 말할 수 있다. 만약 내가 어디로 가고 있는지 확인하고 싶다면, 스스로 어떤 질문을 던지고 있는지를 보면 된다.

나는 지금 나에게 어떤 질문을 던지고 있는가?

언젠가 한번은
자신의 본모습을 마주하는 순간을 맞는다.
내가 가진 환상, 꿈들이 깨지는 순간.
내 안에 잠들어 있던 진짜가,
꿈틀거린다.

날 묶어두는 타이틀은 벗어두고,
자유로운 나로, 날아오르고 싶다!

2
나는 누구일까?
내가 누구인지
말할 수 있는 사람

Life Adventure

초라해도 괜찮아, 야호해 야호

_"한방차로 스타벅스를 이겨먹겠습니다."

한 청년이 있었다. 그는 군대를 전역하고, 2평짜리 한방차 가게를 오픈하면서, 위의 문구를 가게 대문에 붙여놓았다. '꽤나 허풍스런 문구라, 사람들이 비웃을지도 모른다. 하지만 비웃더라도 재밌지 않을까.' 그런 생각이었다.

첫날, 차를 한 잔도 팔지 못했다. 안 그래도 작은 매장은 더 초라해졌다. 하지만 하루하루 지나면서 사람들이 찾아오기 시작했다. 그런데 누구도 그 문구를 비웃지 않았다! 오히려 조력자가 되어 주었다. 사람들은 허풍스럽지만 희망이 담긴 그 문구를 보고 가게를 더 아껴주었다. 한 고객은 회사 일에 지쳐 모든 걸 포기하고 싶었는데 이 문구를 보고 다시 힘을 내 위기를 극복했다며, 홍보 전단지 인쇄비용을 전액 지원해주기도 했다.

한방차 브랜드 〈오가다〉를 창업한 최승윤 사장의 일화다. 그는 26살에 오가다를 창업해 9년을 맞았다. 현재 '오가다'는 국내 100호점 오픈을 넘어, 일본, 대만, 중동으로 성장을 거듭하고 있다. 그는 이렇게 말했다.

"만약 가게가 두 평이 아니라 이십 평, 이백 평이었다면, 규모뿐 아니라 가게의 다른 요소가 열 배 아니, 백 배 잘 갖춰졌다면 어땠을까요? 아마 가게를 아껴주는 사람들은 지금보다 훨씬 적었을 겁니다. 초라한 가게였기 때문에 손님들의 지지를 얻을 수 있었다고 생각해요."

-〈빅이슈 118호〉'청춘에게 GO'함 중

나는 이 이야기를 읽고, 기분 좋은 충격을 받았다.
나는 '초라하다'는 게 굉장한 약점이자 단점이자 숨겨야 하는 것이라고 생각해왔다. 그런데 초라함도 재산이 될 수 있다니.

_누구보다 초라했던 아이

어릴 때 집에서 부르던 내 별명 중 하나가 똥파리였다. 애칭이긴 했지만, 이름만큼 내 존재감도 미미했다. 태어나보니 5남매 중 막내였고, 위로는 언니 오빠가 줄줄이 있었는데 뭐 하나 나보다 뛰어나지 않은 게 없었다. 공부도 잘하고, 아는 것도 많고, 운동도 잘하고, 친구들도 많고, 그림도 잘 그리고… 못하는 게 없었던, 대단한 존재들이었다. 그 틈에 끼인 나는 언제나 가장 작고 볼품이 없었다. 작아서 귀여움은 많이 받았지만, 내 존재 자체로 인정받은 기억은 없었다. 내가 너무 보잘 것없다는 게, 실은 엄청난 기폭제가 되었다.

십 대 내내 '나는 무엇을 할 수 있을까'를 생각했다. 만약 신이 실수한 게 아니라면, 이런 내게도 뭔가 하나 숨겨 놓은 게 있겠지. 그걸 찾아보자. 그래서 이십 대 내내 엄청 바쁘게 지냈다. 히말라야를 오르고, 자기계발 세미나에 열성으로 참여하고, 외국에 가고, 글을 쓰고, 책을 내고, 외국을 나가고, 무전여행을 하고, 세계여행을 하고…. 그 모든 행동들의 바닥엔, 내 초라함에 대한 두려움이 깔려있었다. 지금의 내가 너무 한심스러워서, 도무지 이대로는 아무 것도 될 수 없을 것 같아서, 너무 시시해서 떨쳐 일어나지 않을 수 없었다.

'젠장, 나도 뭔가 멋진 구석이 하나쯤은 있지 않을까.'

초라해지지 않기, 시시해지지 않기. 그게 내 최대 목표였다. 그런데 지나고 보니, '초라함' 그 자체도 상당히 괜찮은 녀석이란 생각이 든다. 특히나 위 청년의 글을 읽고 나니 더욱더.

이제부터 할 일이 하나 생겼다.
내가 시시해 보일 때마다 초라하다고 느낄 때마다, 야호하기!
초라함도 딛고 서면,
결국 나를 빛나게 해주는 발판이 되어 줄테니. 흐흐

완벽한 '나'를 찾습니다
🌿 폭식, 우울? 그건 덤이죠

나는 스트레스를 받으면 먹는 습관이 있었다. 과식하는 정도가 아니라, 가끔 거의 정신줄을 놓고 음식 속에 파묻히는데 위가 찢어지는 느낌이 날 때까지 먹는다. 사람들은 이를 두고 '폭식'이라고 불렀다. 폭. 식. 대개 이 증상은 홀로 있을 때 나타나며 특히 특정 심리적인 자극을 받을 때 폭발하는 경향이 있다. 어떠한 논리나 이성으로도 억제하기 힘든데, 음식을 몸속으로 집어넣는 행위는 의식이 아니라 '무의식' 중에 이뤄지기 때문이다.

_스트레스성 폭식

스트레스 받으면 폭식하는 습관은, 고등학교 때 시작됐다. 당시 기숙사에 살았는데 한 방에 12명씩 지내느라 매우 혼잡한 공간에서, 새벽 6시부터 밤 11시 반까지 짜인 시간표대로 지내야 했다. 밥 먹고 자는 시간을 빼면 전부 공부하는 시간이었고, 집은 2주에 한 번씩 갈 수 있었다.

친구관계, 성적에서 오는 스트레스는 엄청났지만, 외출도 어렵고 혼자 있을 공간조차 없는 곳에서 스트레스를 푸는 방법은 많지 않았다. 내게는 마음의 평화를 찾을 방법이 필요했고, 곧 가장 손쉬운 방법을 찾아냈다. 바로 먹는 것. 뭔가를 씹고 있는 동안은 아무 생각 없이, 내가 가진 모든 문제와 스트레스를 잊어 버릴 수 있었다.

어릴 때 나는 무척 날렵했고, 뛰는 것에 자신이 있었다. 운동신경이 좋아 친구들과 놀면 인기가 있었고 참 날씬했는데… 문제가 생길 때마다 음식으로 도피하다 보니, 내가 얻은 거라곤, 군살 10kg + 역류성 식도염 + 스스로를 더욱 한심하게 여기는 것 = 나는 이런 내가 점점 싫어졌다.

2006년, 나는 큰 결심을 했다. 살도 빼고 싶었지만, 그보다 스트레스성 폭식의 고리를 끊고 싶었다. 단식을 해보는 거다! 그 동안 먹는 것으로 모든 문제를 해결해왔으니, 그럼 먹지 말아보자, 란 단순한 생각이었다. 단식에 대한 기본 개념도 없었고, 잘못하면 몸만 망가지기 십상이라 하여 전문가의 도움을 받기로 했다. 아는 사람의 소개를 받아, 지리산 자락에 있는 단식원으로 내려갔다.

_지리산 단식원 이야기

단식원은 엄청난 산골짜기에 숨어 있었다. 서울에서 고속버스를 타고 4시간을 달려 작은 읍내에 도착했고, 거기서도 차로 30분을 더 들어가야 하는 곳이었다. 따로 버스가 없어 목사님이 직접 마중을 나오셨다. 참, 이곳은 60대 목사님 내외가 운영한다.

이곳에 있으려면, 아침저녁마다 찬송가를 부르고 예배도 보아야 한다. 나는 따로 종교는 없었지만, 개의치 않고 같이 했다. 사실 아침마다 모여 노래 부르는 게 재밌어서, 한 번도 안 빠지고 열심히 참석했다. 거기엔 나 말고도 5명의 사람들이 더 있었다. 암에 걸린 사람도 있었고 다이어트 하러 온 사람도 있었고, 뭔가 삶의 변화가 필요해 온 사람도 있었다. 저녁마다 목사님은 우리를 대상으로 건강하게 먹는 법, 채식 요리법 등에 관해 한 시간씩 건강강의를 해주었다.

"자가 면역증이란 게 있어요. '죽고 싶다, 속상하다' 등 부정적인 말이나 생각을 하면, 실제로 몸속 유전자가 그렇게 인식해 버린다고 해요. 그럼, 그게 병이 되고 암 씨앗이 되는 겁니다."

그 말을 들으며 나를 돌아봤다. 늘상 '난 안돼, 난 왜 이 모양일까?'라고 즐겨 자책했는데, 이런 부정적인 마음이 내 몸에 좋은 영향을 줄리 없었을 터. 생각이 거기에 미치자, 내가 내 몸을 너무 모르고 있었구나, 너무 방치했구나, 후회가 생겼다.

내가 하는 단식은 '포도단식'이라, 매일 포도를 먹는다. 한 번에 10알씩 하루 5번에 걸쳐 먹으면 된다. 포도에는 피를 정화하고 세포를 재생하는 효능이 있어 디톡스에 탁월하다고 했다. 단식기간 동안, 하루 한 송이도 안 되는 포도만 먹으며 한 달을 보냈다. 정확히는 31일. 솔직히 밥을 먹지 않고도 그토록 오랜 기간을 지낼 수 있는 게 놀라웠고, 그러고도 별 탈 없다는 건 더 놀라웠다. 한 달 만에 11kg가 빠졌다.

밥을 먹지 않으니 하루가 차~~암 길었다. 첩첩산중이라 인터넷은 물론 휴대폰도 쓸 수가 없었다. TV도 없어 달리 할 게 없었다. 책 읽다가, 몇 시간에 걸쳐 일기 쓰다가, 심심해지면 거기에 있는 사람들과 밤도 주우러 다니고, 산책도 했다. 특히 부산에서 온 정선생님, 대전에서 온 한의대생 언니, 서울서 온 작가 언니랑 죽이 잘 맞아 얘기를 많이 했다. 서로 성격이나 배경은 무척 다른데도, 지내다 보니 정말 비슷한 점 하나가 있었다. 바로 '완벽'에 대한 강박이 있다는 점. 다들 자기애가 강했고 그만큼 스스로에 대한 자책도 강했다. 가끔 넘어질 수도 있고, 하다 보면 잘 안 될 때도 있는데 다들 그런 걸 못 견뎠다. 나는 그들에게서 내 모습을 보았다.

완벽주의자들은 자신이나 타인에게 보통보다 더 높은 수행 수준을 부과하는 경향이 있는 자들이다. 이들은 부족한 결과나 실패, 실수를 잘 참지 못한다. 그래서 기준에 부합하지 못하는 결과를 냈을 때, '극단적인 자기비판, 만성 스트레스, 우울증과 불안, 강박 장애, 심장병'과 같은 다양한 심리적 고통을 겪는다. 그래서 완벽주의자들은 보통 사람들보다 번아웃(Burnout 극심한 피로, 과로, 소진)을 경험하는 비율이 높다고 한다.

많은 경우 이들은 스스로에게 높은 기대치를 부과하고, 또 사람들의 수많은 기대를 충족시키기 위해 똥줄 타게 노력한다. 그러다 지쳐버리면 모든 끈을 놓아버리는 극단적인 선택을 한다. 만성 우울감을 느끼는 것도, 실패해도 성공해도 기쁘지 않은 것은 여기에서 비롯된다. 대체 이런 완벽주의는 무엇 때문에 비롯되는 걸까? 《기대의 심리학》(선안남 지음) 책에 이런 설명이 나온다.

"학자들은 신경증적 완벽주의는 본질적으로 강렬한 실패 회피 욕구에서 비롯된다고 본다. 어떻게 하든지 실패와 실수를 피하고 싶어하고 자신의 일이 성공적으로 마쳐도 쉽게 만족하지 못한다. 그들의 성장 과정을 잘 살펴보면 그들에게 높은 기준을 부과하고 자신들의 기대를 만족시켰을 때에만 사랑과 인정을 주었던 부모나 중요한 타인이 있을 것이다."

_그냥, 아무나 되세요

예전에 예능프로그램 〈한 끼 줍쇼〉에 가수 이효리가 나와 재밌는 말을 했다. 진행자들이 길을 가다 한 초등학교 2학년 아이를 만난 상황이었다. 아이를 보자, 개그맨 이경규는 "나중에 훌륭한 사람이 돼야지."판에 박힌 말을 했는데, 그를 보던 이효리가 이렇게 말한다.

"뭘 훌륭한 사람이 돼. 그냥 아무나 돼."

그냥 아무나 되라니. 별것 아닌 그 말이 매우 신선하고 놀랍게 다가왔다. 그도 그럴 것이 어렸을 때부터 아버지로부터 "한번 태어난 인생 멋지게 살아야 한다. 큰 일을 해라."는 말을 자주 들으며 자랐다. 덕분에 내게는 '큰 사람'이 되어야 한다는 강박 같은 게 있었다. 왠지 큰 일은 큰 사람만 하는 거라는 생각이 들었기 때문이다. 큰 사람이 되면 존재할 가치가 있을 것 같았고, 또 사랑받을 수 있을 것 같았다. 그래서 나는 마음 속에 '큰 사람이 되어야지' 라는 목표를 세워두고, 큰 사람이 되기 위해 갖은 애를 썼다.

큰 사람은 이런 사람이었다. 다정다감하고, 능력 있고, 신중하고, 성격 좋고, 당당하고, 사람들 말 잘 들어주고, 쾌활하고, 긍정적이고, 멋진, 그래서 누구나 좋아하는 사람. 하지만 큰 사람이 되려는 나의 노력은, 번번이 실패했다. 실제 나는 실수 많은 허당에 짜증도 잘 부리고 화도 많은 데다 고집도 세고 찌질한 구석도 많은, 아주 작은 사람이었으니까.

만약 내가 생각하는 큰 사람의 모습에서 벗어나는 모습- 예를 들어 쪼잔하거나 소심하거나 성급하거나 바보 같은 모습이 보이면 화가 났다. 나를 통제할 수 없다는 사실에 화가 났고, 내가 완벽한 인간이 아니라는 게 짜증났다. 그런 나를 받아들일 수가 없어서, 작은 나를 없애려고 그렇게 애를 썼는데... 그 시간은 정확히 내 폭식의 역사와도 맞물린다. 완벽에 물든 나의 환상과 사랑받고 싶다는 욕구 때문에 폭식과 다이어트의 긴 역사를 반복해오며, 스스로를 부정해온 나를 다시 들여다보게 되었다.

어느 날 밤, 나는 신에게 따져 물었다.

"제기랄. 아무것도 통제할 수 없다면 대체 난 뭘 할 수 있는 거죠? 내 몸도 내 생각도 내 감정도 내 마음도, 어떤 것도 컨트롤 할 수 없다면 그럼 난 무얼 할 수 있는 거죠?"

신은 이렇게 답했다.

"넌 삶을 살 수 있지. 삶을 통제하는 대신에."

_ 진짜가 꿈틀거리는 순간

하루는 꼬마언니가 말했다. (*꼬마언니는 넷째 언니의 애칭이다.)

"니가 내 동생이 아니었더라도 후배로서 좋아하고 아꼈을 거야. 그럴 만한 자격이 충분해. 널 만나는 사람들은 모두 너를 좋아하게 될 거야."

순간 멍해졌다. 난 그토록 나를 보잘것없이 여겨왔는데 다른 사람이 나를 그렇게 좋게 말해 준다는 게 어색하고도 어색했다. 하지만 왠지 힘이 났다. 그래, 굳이 어떤 모습이 되려 애쓰지 않아도 괜찮잖아. 멋진 사람은, 결국 내가 되는 게 아닐까? 어떤 기준도 필요 없이, 순간마다 완성해가는 나. 오늘 이만큼 살아냈으면 그만큼의 내가 되는 거고.

어쩌면 ~척하기를 그만두는 순간,
이래야 한다 저래야 한다는 생각을 멈추는 순간,
진짜 내가 떠오를지 모른다.

"자신을 감추지마.
그게 그리움이든 아픔이든 외로움이든 무엇이든.
장담하건대 더욱더 행복해질거야."

-박희정, ≪호텔 아프리카≫ 중에서

내가 누구인지 말할 수 있는 사람

🍃 당신은 스스로를 뭐라고 규정하나요?

핀란드에 이런 농담이 있다.

하루는 독일인, 프랑스인, 미국인, 핀란드인이 길을 가다 코끼리를 만났다. 빈틈없는 독일인은 코끼리에 대해 모든 것을 알기 위해 분석하려고 들었고, 미적 감각이 뛰어난 프랑스인은 코끼리를 요모조모 뜯어보며 그 아름다움을 감상했다. 한편 사업적 감각이 뛰어난 미국인은 코끼리로 어떻게 돈을 벌지 궁리하는데, 자의식이 강한 핀란드인은 "저 코끼리가 나를 어떻게 생각할까?" 고민한다는 것이다. ㅎㅎ 강한 자의식을 가진 민족성을 빗댄 이야기인데, 이를 듣고 웃을 수만은 없었다. 나도 다르지 않았기 때문이다. 사람들이 나를 어떻게 생각할까 늘 관심을 두고, 되도록 좋은 평가를 해주기를 바랐다.

'내가 누구인지 (당신이) 말해주세요.'라고.

_김귀자 설문조사를 실시합니다

스물다섯 살 무렵으로 기억한다. 어느 날 '타인이 나를 어떻게 볼까?' 매우 궁금해진 나머지 실험을 하나 해보기로 했다. 사람들에게 문자를 넣어서 나에 대한 키워드를 3개 뽑아달라고 부탁하는 것이다. 핸드폰 주소록을 뒤져 그나마 나를 좀 안다고 생각하는 사람 62명을 뽑아서 문자를 보냈다. 대상은 가족부터 친구, 지인, 직장동료 등으로 다양했다.

사람들은 나를 어떻게 볼까? 그들의 눈을 통해 나라는 인간을 제대로 확인해볼 수 있을 거라고 생각했다. 문자를 받고 처음엔 일희일비했다. 좋은 말에는 나를 이렇게 좋게 보는구나 해서 기뻤고, 안 좋은 말에는 나를 이정도밖에 보지 않는구나 속상했다. 그런데 문득 이런 생각이 들었다.

'남들 의견 말고, 나는 나를 어떻게 생각하고 있지?'

생각해보니, 뭐라, 할말이 떠오르지 않았다. 남들의 평가에만 신경 썼지, 한 번도 나를 무엇이라 규정해본 적이 없었으니까.

_스스로를 규정하는 힘

〈세상에서 가장 못생긴 여자〉라고 불리던 여자가 있었다. 그녀의 이름은 리지 벨라스케스(Lizzie Velasquesz). 키 157cm에 몸무게는 26kg밖에 되지 않는다. 조로증을 동반한 선천적 희소

병을 앓고 있어, 아무리 먹어도 몸에 지방이 쌓이지 않는다. 재밌고 영리하고 활달한 성격이었지만, 걸어 다니는 미라와 같은 외모 때문에 어릴 때부터 따돌림을 많이 당했다. 그러나 부모님의 사랑과 지지로 꿋꿋이 학교생활을 해나갔다.

그러던 어느 날, 벨라스케스는 유튜브에서 8초짜리 영상을 발견한다. '세상에서 가장 못생긴 여자'라는 타이틀과 함께 자신의 사진을 누군가 올려놓은 것이었다. 거기에 수 천 개의 댓글이 달렸다. "그냥 총으로 자살하세요." "불로 태워 죽여라." "부모는 왜 쟤를 키웠을까?" 조롱과 빈정거림이 가득한 댓글을 보고 큰 충격에 빠진 벨라스케스는 눈물을 흘렸다. 내가 누군지도 알지 못하면서 심한 상처를 주고 있는 그들에게 맞서 싸우려던 그 순간, 그녀는 한 가지 중요한 사실을 깨닫는다.

"오랫동안 제 외모가 저를 규정한다고 생각했어요. 스스로를 역겹다고 생각했죠. 하지만 영상을 보고 난 뒤, 결심했습니다. 사람들이 뭐라고 나를 규정하든, 상관하지 않겠다고. 나는 내 외모가 아니라, 이 병이 아니라, 내가 이뤄낸 것들로 나를 규정할 겁니다."

그녀는 사람들과 싸우는 대신, 아래 목표들을 세웠다.
동기부여 강연가 되기, 책 쓰기, 대학 졸업하기, 자신의 경력을 쌓고 가정을 꾸리기. 그로부터 8년 후 그녀는 동기부여 강연가가 되었고, 책을 썼고, 대학을 졸업했다. 현재 그녀는 학교폭력 따돌림을 당하는 아이들을 도와주는 비영리단체를 만들었다. 그리고 자신의 이야기로 다큐멘터리 영화를 찍는 등 바쁜 나날을 보낸다. 이제 그녀는 '가장 못생긴 여자'가 아니라, '브레이브 하트 (학교폭력과 괴롭힘에 맞서는 자)'로 불린다. 남들의 평가가 아니라 자신의 말로 스스로를 규정하면서, 그녀는 인생 반전을 이뤄내었다. 그녀는 스스로를 설명할 수 있다는 것이 얼마나 큰 힘인지를 안다. 그래서 사람들에게 묻는다.

"당신은 자신을 무엇으로 규정하나요? (How do you define yourself?)"

_ 내가 누구인지 말할 수 있는 사람

김귀자 설문조사는 내게 의미심장한 결과를 안겨주었다. 그동안 사람들이 나를 어떻게 보느냐를 신경 쓰며 살았는데, 저마다 자신이 보고 싶은 대로 나를 본다는 걸 알게 되었다. 술친구에는 술친구로, 가족들에겐 귀여운 막내로, 탐험대에겐 대장으로, 사람들은 저마다의 보고 싶은 대로 나를 보았다. 그런 주관적이고 단편적인 시선들을 마주하자, 그동안 다른 사람들에게 나의 가치를 내맡겨왔다는 게 믿어지지 않았다.
로버트 슐러 목사가 자아 이미지에 대해 한 말이 떠올랐다.

"자아 이미지란 어떤 사람이 그 자신에 대해 생각하는 이미지가 아닙니다. 다른 사람이 그 사람에 대해 생각하는 그것도 아닙니다. 자아 이미지는 본인이 다른 사람들이 자신을 이러저러하게 생각할 것이라고 믿는 그것입니다."

어쩌면 내가 생각하고 있는 나는, 그저 사람들이 내게 해준 말들을 이어 붙여서 '그래 난 이런 인간이야'라고 지레짐작으로 세워놓은 허수아비인지도 모른다. 지금 내게 필요한 건 다른 사람을 의식하는 눈이 아니라, 있는 그대로의 나를 바라보는 자신감의 눈이 아닐까?

누군가의 시선에 얽매이지 않으려면, 무엇보다 나를 설명할 수 있는 나만의 언어가 필요하다.

귀한자식을 소개합니다
이름의 재발견, 나의 재발견

어릴 때 내 이름은 촌스러웠다. 내 본명은 김글리가 아닌, 김귀자. 당시, '가람, 슬기, 나래, 온누리'와 같은 예쁜 한글이름이 유행하던 때라, 내 이름은 눈에 띄게 예스럽고 촌스러웠다. 학교에선 귀남이, 귀돌이로 놀림 받았고 심지어 발음도 쉽지 않아 '김기자, 김구자, 김구이자' 별별 희한하게들 불렀다. 나도 친구들처럼 예쁘고, 부르기 쉽고, 정감 가는 이름을 갖고 싶었다. 그러던 중 기회가 왔다.

_제발 이름 좀 바꿔주세요!

초등학교 6학년 때였다. 당시 나라에서 이름으로 놀림 받는 사람을 구제해주기 위해, 특별히 공짜로 이름을 바꿔준다고 했다(이름 바꾸는데도 돈 드는 줄은 몰랐다). 가족들도 모두 찬성했고, 내게 어울리는 새 이름을 짓기 위해 다 같이 머리를 맞대고 아이디어를 냈다.

"지원이 어때?"
"김 흰은 어때? 아냐 아냐, 니 덩치를 보면, 김산이 더 좋을 거 같기도 하고."
"김명선은 어때? 원래 엄마가 그걸로 지으려고 했다잖아."
"에이, 그건 너무 촌스럽지. 그리고 재랑 이미지가 안 맞잖아."

별 마땅찮은 이름들이 거론됐지만, 그게 뭐든 김귀자보단 나을 터였다. 가족들과 이틀 동안 고심하며 상의한 끝에 '김지원'으로 결정했다. 그리고 이름변경을 신청하려는데 그 순간, 이름을 바꾸면 안될 거 같은 느낌이 강하게 들었다. '그냥 김귀자로 살아도 되겠다, 김귀자로 살아보자'라는 마음이 들었다고나 할까. 그래서 가족들에게 말했다.

"저, 그냥 귀자로 살게요."

그리하여 나는 다시 '김귀자'가 되었다. 덕분에 '귀남이'란 놀림을 몇 년 동안 더 들었고, 내 이름을 잘 못 알아듣는 사람들 덕에 여러 번 이름을 말해줘야 하는 수고로움도 여전했다. 그런데 희한하게도 그 모든 게 더 이상 신경 쓰이지 않았다. 누가 뭐래도, 내 이름이 좋아지기 시작한 것이다. 눈에 콩깍지가 쓰였는지, 심지어 귀자라는 이름이 남들과 달라서 오히려 귀해 보였다. 그때부터 내 이름을 '귀한자식'이라고 알리기 시작했다. 어디 가서 인사할 때면, "안녕하세요, 귀한자식 김귀자입니다"라고 소개했다. 사람들은 내 이름을 재밌어 했다.

_이름의 재발견, 나의 재발견

이름을 스스로 다시 선택한 그 시점부터 무한한 애정이 샘솟아났다. 사랑하게 되다 보니, 자연스레 하나씩 이름에 의미를 부여해주게 됐다. 그러면서 나만의 이름 철학이 만들어졌다.

철학1. (모양편) 자유분방한 생명력과 수용력을 담다
나는 이름과 그 사람의 캐릭터가 서로 닮아 간다고 믿는다.
내 이름을 보자면, 일단 받침이 없다. 나는 이름을 쓸 때, 길게 쭉쭉 빼서 쓰고, 모양 또한 자유분방하다. 또 '귀자'글자 모양을 한번 봐 보자. 그 안에 바람이 들어왔다 나갔다가 하는 게 느껴지나? 그러한 자유분방함, 받침에 얽매임 없이 어디로든 자유로이 뻗어 나갈 수 있는 생명력, 모든 것이 휘감아져 들어오고 나가는 물 같은 수용력. 이러한 흐름을 이름에서 발견하고야 말았던 것이다.

"귀자: 자유롭게 뻗어 나가고 모든 걸 품을 수 있는 힘을 담다"

철학2. (의미편) 귀한자식
귀자를 풀면 말그대로 '귀한자식'이 된다. 여기서 나의 사명을 발견하게 된다. 귀한자식의 의미가 '나를 귀하게 만들어주는 것'이다. 그러다 내 이름에 신이 부여한 더 깊은 의미가 있음을 알아챘다. '나 자신을 귀하게 만드는 것은 물론 더 나아가 남을 귀하게 만들어 줄 것이다.'라는.

"귀한자식: 스스로를 귀하게 만들고,
나아가 남들도 귀하게 만들어 줄 수 있는 자"

철학3. (세계편) KJ, 국제

심지어 국제성마저 발견했다. 귀자의 영문 이니셜은 'KJ'다. 어느 날, 마을버스를 타고 가다가 '국제 이삿짐 센터' 차량을 보게 됐다. 그런데 국제 이삿짐 센터의 영문표기가 바로 'KJ'가 아닌가! 순간 난 너무 흥분한 나머지 몸을 부르르 떨었다. '귀자'가 '국제'와 통한다는 걸, 이삿짐 센터를 통해 알게 되었으니까!! ㅋㅋ 그러니까 내 이름엔 내가 앞으로 '국제로 뻗어나갈' 운명적 메시지가 담겨 있었던 거다! 이건 날더러 세계인이 되라는 신의 계시가 아닌가 말이다. 그 덕분인지 정말로 세계 여기저기로 신나게 쏘다니게 된다.

"KJ: 국제적으로 놀아볼 운명을 타고난, 글로벌 시티즌"

_의미부여의 힘

여기까지가 내가 발견해낸 철학들이다. 앞으로도 철학의 가지는 무수히 뻗어 나갈 테고, 결국 내가 살아갈 삶과 매우 밀접한 관계를 맺을 것이다. 의미는 부여하기 나름이니. 흐흐. 중요한 건, 이거다.

이름에 여러 가지 의미를 부여하기 시작하자, 사람들은 이제 내가 붙인 의미로 내 이름을 보기 시작했다. 사람들은 이름이 촌스러워요, 발음이 어려워요, 라고 말하는 대신 이렇게 말했다.

"어머, 귀한자식? 진짜 좋은 이름이네요."
"정말 독특한 이름이에요. 정말 귀하게 크셨나 봅니다."라고.

그 전까지는 다른 사람의 시선으로 내 이름을 봐왔는데, 내가 의미를 부여하게 되자, 이제는 사람들도 그에 따라 내 이름을 보고 경험하기 시작했다.

_ 방향을 바꾸고 싶다면 먼저 다르게 보기!

사실 그 자체보다, 사실을 어떻게 해석하느냐가 언제나 더 중요하다. 척 스윈돌 신학 교수는 삶에 있어 객관적 사실은 겨우 10%에 불과하며 나머지 90%는 그 일에 대한 우리의 반응이라고 말한다. 프랑스의 작가인 마르셀 프루스트도 진정한 발견은 새로운 것을 찾는 것이 아니라 새로운 눈으로 보는 것이라고 강조했다.

새롭게 본다는 건, 나의 경험을 기존과 다른 방식으로 받아들이는 것이다. 그럼 다른 해석이 생겨나고, 거기에서 다른 해법이 보이며, 그러면 벗어날 길 또한 보인다.

이름의 재발견을 통해 발견한 것이 있다.
의미를 부여할 수 있다는 건 내 시선을 가지기 시작했다는 것이고, 내 시선을 가지게 되었다는 건 나만의 언어가 생기는 것이고, 이는 곧 내 삶을 책임지는 주도성을 회복했다는 의미라는 것! 예전에 인도에 갔을 때 만났던 어느 구루(영적 스승)가 해준 말과도 통한다.

"인생을 다시 살 수 있는 비밀이 있다네.
하나는 다른 각도에서 보는 것이고, 다른 하나는 이 인생을 만든 게 바로 나라는 걸 아는 거지. 그 두 가지를 진심으로 느낀다면, 그를 다르게 만들 수 있는 것도 '나'라는 걸 안다네."

Being Original
 짝퉁, B급의 역습

재미있는 실험이 있다.

박진우라는 디자이너가 앤디워홀의 추모전시를 위해 작품을 출품했다. 그는 짝퉁 루이비통 백을 사서 거기에 FAKE(페이크)라고 쓰고, 오리지널 루이비통 백의 가격을 붙여 전시장에 올려놓았다. '가짜를 가짜라고 딱 써놓은 순간, 작품으로서의 오리지널리티를 갖는다'는 내용이었다. 그런데 놀랍게도 이 작품을 사겠다는 사람이 5명이나 되었다.

비주류라도 비주류의 정체성을 가지면 오리지널이 된다. 펑크, 힙합 등 비주류로 시작한 음악이 지금은 주류 대중음악으로 인정받고 있고, 오히려 B급 문화가 뜨고 있다. 결국 '오리지널이냐, 아니냐'만 남을 뿐이다. 가짜라고 외치는 순간 가짜로서 고유성을 갖는 것처럼, ~인척 하지 않고 있는 그대로의 나를 당당히 주장하는 그 순간, 나는 오리지널이 된다.

남과 다른 자신을 바꾸지 마세요
🌿 누구나 마음속에 외계인 하나쯤은 갖고 있…쿨럭

2015년 오스카 영화제 시상식에서 크게 화제가 되었던 수상소감이 있었다. 그의 주인공은 영화 〈이미테이션 게임〉의 시나리오 작가로 각색상을 받은 '그레이엄 무어(Graham Moore)'였다. 그는 스티브 잡스의 2005년 스탠퍼드대 졸업식 연설 문구 중 하나인 "Stay hungry, stay foolish"를 슬쩍 바꿔 "Stay weird, stay different (언제나 이상하게, 언제나 남다르게)"라는 문구를 만들어냈다. 소감은 45초로 짧았지만 임팩트가 강했고, 2015년 오스카 최고의 수상소감으로 꼽혔다. 다음은 그의 수상소감 전문이다.

"앨런 튜링은 이 자리에 서서 이렇게 멋진 관객들 얼굴을 보지 못했습니다. 하지만 저는 이 무대에 섰네요. 말도 안 되게 불공평한 일이죠. 짧은 시간 동안 제가 드리고 싶은 말씀은 이겁니다.

저는 16살 때 우울증으로 자살하려고 했어요. 제가 이상하고, 남들과 다르다고 느꼈기 때문이죠. 저는 어디에도 속하지 못하는 사람이었습니다. 그런데 지금 이 자리에 서 있습니다. 이 순간은 자기가 남들과 다르다거나, 자신이 어디에도 속하지 못한다고 느끼는 그런 사람을 위한 시간입니다.

이상해도 괜찮아요. 남들과 다른 자신을 바꾸려 하지 마세요. 언젠가 당신 차례가 오면, 이 무대에 서서 다음 사람에게 이 메시지를 전하세요. 이상해도 괜찮아요, 남들과 달라도 괜찮아요. (Stay weird, stay different)"

나도 그의 수상소감을 듣고 온몸에 전율이 오르는 걸 느꼈다. "이상해도 괜찮아. 달라도 괜찮아." 이거야말로, 내 평생 가장 외치고 싶고, 가장 듣고 싶었던 말이 아니었던가!

_누구나 이상한 부분이 있죠.

"제 생각에 우리 모두는 여러 다른 이유로 자신을 이상한 존재로 여겨요."

그레이엄 무어가 버즈피드와의 인터뷰에서 말한 내용이다. 나 역시 스스로를 남과 다른 '이상한 존재'로 여기면서 살아왔기에 매우 공감했다.

이를테면 9살 때 가장 좋아했던 시인이 김삿갓이었다는 것도, 돌아다녀야 기운이 나는 노마드 기질이 있다는 것도, 어릴 때부터 영적인 삶에 관심이 많아 "여보게 저승 갈 땐 뭐 가지고 가려나" 같은 책을 읽는 것도(그것도 8살에), 고등학교 때 공부 대신 어떻게 살지를 고민하느라 밤을 새는 것도, 모두 내가 이상한 녀석으로 보이기에 충분했다. 심지어 남들보다 큰 키도 이상해 보였다. 그렇게 최대한 남다른 부분을 숨기기 위해 애썼다. 남과 다르다는 게 들통나면 외로워질까 봐 겁났기 때문에.

그런데 누구나 이상한 부분이 있더라고. 알고 보니, 멀쩡하다고 생각했던 친구들도 다 이상한 녀석들이었다. 한 친구는 장롱에 자신이 가진 모든 현금을 쌓아두고 보는 취미가 있었고, 다른 친구는 아침마다 아리랑을 틀어두고 108배를 했다.(락을 틀고 할 수는 없지 않냐며…) 또 다른 친구는 밤마다 하겐다즈 아이스크림을 먹어야 잠을 잘 수 있었고, 다른 친구는 스스로를 다른 별에서 온 존재라고 생각했다. 누구나 마음속에 외계인 하나쯤은 갖고 사는 법이다. 그런 의미에서, 재즈 뮤지션 헤럴드 오닐(Herald O'Neil)이 참 좋은 말을 했다.

"모든 사람이 독특하다고 생각해요. 세상에는 '나 자신'으로 살 수 없는 사람이 대부분이죠. 내 모습 그대로 사는 걸 이상하게 보는 세상이 더 이상한 것 아닌가요? 나는 내 내면과 독창성이 연결되도록 늘 최선을 다합니다."

_다르다면, 그냥 다르게 살면 어때?

한 살 두 살 나이가 들면서 좋은 점은, 그 전에는 받아들이지 못했던 부분들을 껴안을 힘이 세진다는 것이다. 부족하고 못나 보이기만 하던 내가 이제는 참 괜찮고 매력적인 인간으로 보인다. 내 넓은 어깨도 '북유럽 갬성'으로 느껴지고 이리 튀고 저리 튀던 모습은 '강력한 추진력'으로 보이고, 독특하기만 했던 내 정신세계는 뭔가 있어 보인다. '내가 남다르다'는 고민을 오랫동안 해왔는데, 2가지 결론을 내렸다.

하나. 전 세계 70억의 인간이 있으면 70억개의 살아가는 방식이 존재한다는 것
또 하나. 누군가가 세워놓은 기준에 따라가면 나 언제나 열외일 수밖에 없지만 내가 세워놓은 기준에 따라가면, 난 언제나 최고라는 것.

내가 남과 다르다면, 철저하게 다른 인생을 살아보는 것도 괜찮을 것 같다. 모난 돌이 정 맞는다고 하는데, 심하게 모난 돌은 아무도 치지 않는단다, 고 할머니가 말씀해주셨다. ㅎㅎ
영화 〈죽은 시인의 사회〉(1989)에 나오는 대사가 절로 떠오른다.

"그 누구도 아닌 자기 걸음을 걸어라. 나는 독특하다는 것을 믿어라. 누구나 몰려가는 줄에 설 필요는 없다. 자기 걸음으로 자기 길을 가라. 바보 같은 사람들이 뭐라 비웃든 간에."

빼기의 기술, 내가 아닌 것 버리기
🍃 나를 알아가는 또 하나의 방법

20대 때 나는 '되고 싶다, 하고 싶다'는 열망에 휩싸여 지냈다. 그래서 무엇이든지 하나라도 더 해보고, 더 보고, 더 듣고, 더 얻으려고 애썼다. 선택과 집중 같은 건 나중에 해도 된다고 생각했다. 그런데 어느 순간 헷갈리기 시작했다. 무엇이 나일까? 나다운 건 무엇일까? 고민하는 내게 지인이 이런 말을 해주었다.

"내가 좋아하는 게 뭔지 모르면, 내가 싫어하는 걸 안 하면 돼요. 싫어하는 것부터 하나씩 버려가면, 내가 좋아하는 것에 조금씩 가까워지지 않겠어요?"

그 말을 듣자, 아, 싶었다. 뭐가 나다운 건지 잘 모른다면, 내가 아닌 것부터 버리면 되겠구나. 좋아하는 게 뭔진 몰라도 싫어하는 건 확실했으니까. 경영철학자 찰스 핸디(Charles Handy)

도 "자기 자신을 알려면 먼저 자기 자신이 아닌 것은 무엇인지 알아야 한다."고 말하지 않았던가.

_더하지 않고 뺄 때, 나만의 것이 나온다

조수용은 네이버 창립멤버로 디자인 총괄을 하면서 초록 검색창을 만든 장본인이다. 가장 잘나갈 때 네이버를 나와 무경계 디자인 실험을 한다. 유년 시절부터 혼자 옷 고르며 디자인 훈련을 했다는 그는 이후 잡지, 식당, 호텔, 가방 등 만드는 것마다 성공했다. 2018년에는 카카오톡 대표이사로 선임되었다. 손대는 것마다 히트를 치는 그가 사업을 시작하는 기초에 대해 이런 말을 해준다.

"일을 시작할 때, 제일 피해야 할 게 있어요. '나는 잘 모르겠는데 아마 사람들은 이걸 좋아할 거야'라는 접근법. 가령 카페 하나 만들려고 하는데, 요즘 애들은 드립 커피 좋아하지 않나? 인테리어가 중요하지 않나? 너무 뒷골목이면 안 되지 않나? 그런데 간판도 중요하다며? 이러다가 결국엔 이도 저도 아닌 상태에서 이상한 엣지만 주게 돼요.

저는 이렇게 해요. 내가 카페에서 언제 좋았지? 내가 그때 무슨 기분이었지? 아! 그때 메뉴판이 이래서 좋았구나. 그때 음악이 없어서 새소리가 들렸구나. 오로지 내가 좋아했던 순간을 끝까지 추적해서 구체화하고 단단하게 정리해요. 그게 '브랜딩'이에요. 그런 다음은 이것저것 안 중요한 걸 빼요. 불필요한 걸 빼고 나면 오히려 남다른 캐릭터가 생겨요."
-김지수의 인터스텔라, "남의 경험만 듣는 건 최악, 자기 경험을 극대화하라", 조선비즈 (2016. 10. 29)

_필요한 것만 남기고 나머지는 버려

일본 베스트셀러 작가 무라카미 하루키도 비슷한 말을 한 적이 있다. 그는 더하지 않고 뺄 때 나만의 글이 나온다며 자신만의 문체나 화법을 발견하기 위해서는 "나에게 무엇을 플러스해가기보다 무언가를 마이너스해간다는 작업이 필요하다."라고 했다.

그 기준은 2가지이다.
하나는 '그것을 하고 있을 때 당신은 즐거운가.'
또 하나는 '무언가를 추구하기 보다 무언가를 추구하지 않는 나 자신은 원래 어떤가.'를 머릿속으로 그려보는 일이다.

"'뭔가를 추구하지 않는 나 자신'은 나비처럼 가벼워서 하늘하늘 자유롭습니다. 손바닥을 펼쳐 그 나비를 자유롭게 날려주기만 하면 됩니다. 그렇게 하면 문장도 쭉쭉 커나갑니다."
- 무라카미 하루키, ≪직업가로서의 소설가≫ 110p

故 구본형 변화경영사상가는 나이 43세에 나답지 않은 것을

버림으로써 나답게 살아가는 것에 성공했다. 그는 회사를 나와 책을 썼고, 작가로 새로운 삶을 시작했다. 그는 말한다.

"내가 아닌 것을 버리는 게 곧 모험이 시작되는 출발점이 됩니다. 버리지 못하면 얻을 수가 없어요. 위험에 직면하는 것, 불안정을 감수하고 나아가는 것. 그것은 아무것도 보장해주지 않지만, 인간이 성장하는 유일한 길입니다."

내가 아닌 것을 모조리 버리는 일,
어쩌면 나를 찾아가는 모험은, 거기에서부터 출발하는지도.

세상에서 가장 깊은 동굴, 절에서 보낸 40일
🌿 정말 이대로 살아도 괜찮을까?

살다 보면, 바깥세상의 모든 게 시들해지고 지루해지는 시간이 찾아온다. 나는 그때를 '영혼의 겨울'이라 부른다. 영혼이 겨울에 와 있는 순간은, 밖보다 안을 더 깊이 들여다볼 시간이 필요하다는 뜻이다. 월드컵으로 온 나라가 열광의 도가니였던 2002년 여름, 내 영혼은 겨울을 맞았다.

_매일이 불금

대학교 2학년 때, 내 가방엔 빼갈(*중국 고량주의 속칭으로 알콜도수 50도가 넘는다.)이 가득했다. 고등학교 때 못 논 걸 한풀이하려고 하루도 집에 그냥 들어간 날이 없었다. 7개의 동아리 활동과 학과활동, 각종 술모임으로 내 시간표는 '연예인 스케줄'이라 할 정도로 빽빽했다. 매일이 불금이었고, 술 먹다가 차가 끊기는 바람에 경찰서에서 밤새운 적도 있었다. 그렇게 2년을 보냈는데... 어느 날부턴가 재밌던 술자리가 지루해지기 시작했다. 그냥, 모든 게 시들해졌다. 그날도 여느 때처럼 술 마시고 새벽별을 보며 집에 들어오는 길이었다. 그런데 내 안의 어떤 소리가 말을 걸어왔다.

똑똑똑.
잘 지내고 있나요?
혹시 뭐, 잊어버린 건 없으신가요?

문득 내가 방향키 없이 이리저리 떠도는 난파선처럼 느껴졌다. 정말, 이대로 살아도 괜찮은 걸까?

_ 절에 들어가다

나는 혼자만의 시간을 가져보기로 했다. 아버지의 소개를 받아 김해에 있는 절로 내려갔다. 속세와 떨어져 혼자 있기는 절이 제격이었다. 버스를 3번이나 갈아타고 5시간이 걸려 간 절은 김해의 시내 변두리에 있었다. 산이 아닌 시내에 있어서 절이라기보다는 불상이 모셔진 그저 조용한 민가 같았다. 절에는 한 달 있을 예정으로 쌀 한 가마니 시주하고(아버지의 힘을 빌렸다), 방 한 칸을 얻었다.

절에 영어 공부 하러 간다고 부모님께 말씀드린 터라, 어쨌거나 그를 소홀히 할 수 없었다. 누가 보는 건 아니었지만, 약속을 지키기 위해 전화번호부만큼 두꺼운 토플책을 잡고 밤낮으로 공부했다. 아침 먹고 토플, 점심 먹고 토플, 저녁 먹고 토플, 고시 공부 하러 온 것처럼 치열하게 공부했다. 그것도 며칠. 어느 순간 토플 책 잡고 있는 시간보다, 딴짓하는 시간이 더 많아졌다. 비공식 목적인-멍 때리기를 실행할 때였다.

절에는 TV도, 컴퓨터도 없었다. 할 게 별로 없어서 공부하다 지루해지면 마당으로 나갔다. 마당에는 낡아빠진 안마의자가 하나 있었다. 안마 기능은 고장났고 그나마 비닐 가죽도 반쯤은 벗겨져 나가서 누가 앉을까 싶을 정도로 낡았지만, 그늘 밑에 있어 시원했다. 일 없으면 거기 앉아 마당 풀도 관찰하고, 매미 소리도 듣고, 절에 있는 사람들도 관찰했다. 생각은 꼬리를 물고 이어져 몇 시간이고 생각만 할 때도 있었다. 저절로 내 안을 들여다보게 되었다. 멍 때리다 지겨워지면 수첩을 꺼내 생각나는 것들을 적었다. 주로 내게 영향을 준 사람들, 내가 좋아하는 것들, 싫어하는 것들은 뭐고 무엇을 할 때 행복한지, 잘하는 것은 무엇인지 떠오르는 대로 끄적였다.

내게 영향을 준 사람들? 가만 보자. 엄청 많지. 구본형 사부, 책, 류시화, 서태지, 장무기, 광개토대왕, 김삿갓, 한비야...그리고 여행하면서 만났던 사람들... 가족. 내가 싫어하는 건, 지루함. 남과 똑같은 건 태생적으로 거부하지. 사람들과 달라 보이기 위해서라면 뭐든 택하고. 난 정말 청개구리 기질을 타고난 듯하다. 명령받는 것도 아주 싫어하지. 언제나 자발성이 따라야 적극적이 되고, 내가 왜 이걸 해야 하는지 명확해야 잘 할 수 있으니까. 음, 난 누가 시켜서는 잘할 수 없겠구나. 일반적인 통념과 다르게 생각하고 행동하는 것을 즐기고, 거기에 자부심을 느낀다. 틀에 얽매이는 것을 병적으로 싫어하고.

적어놓고 보니, 아 내가 이런 사람이었구나란 생각이 새삼 들었다. 나를 좀더 거리를 두고 바라보고 있는 느낌이랄까? 어려서부터 나는 '기록하는 것'에 강박이 있었다. 어딜 가나 꼭 수첩과 펜을 들고 다녔고, 종이가 없으면 휴지나 냅킨에 쓰거나, 그마저도 없으면 손바닥에 썼다. 쓸 수 없으면 폰에 녹음이라도 해두었다. 그렇게 축적된 기록들을 가끔 들춰보면, 내가 이런 생각을 했구나, 이럴 때 화가 나는 구나, 나에 대해 새로이 알게 되는 경우도 있었다. 기록은 내 습관 중 썩 괜찮은 부분이다.

나에게 관심이 많아서 사춘기 시절부터 '나는 누구인지', '왜 사는지' 알고 싶은 욕구에 열렬하게 고민하곤 했다. 내가 누구인지 알 수만 있다면 뭐든지 할 용의가 있었다. 도서관에 가서 각종 심리서적을 팠고, 대학교 내 있는 상담소에 가서 할 수 있는 심리검사는 다해봤다. 상담사가 "학생은 더 이상 올 필요 없겠어요."라며 두 손 들었다. 강점 테스트도 하고, MBTI 성격유형 검사는 4번이나 했고, 전문코칭사에게 코칭도 받아봤다. 이러한 여러 도구들이 나를 객관적인 시각에서 바라보게 하는 데 도움이 되긴 했지만, 결국 나를 깊이 이해하는 데 가장 도움을 준건 내 일기장이었다. 이번에도 내가 관찰한 것들을 매일 같이 기록하면서 가져간 일기장 한 권을 가득 채웠다.

_남과 다른 나

한때는 내가 남들과 다르다는 사실이 너무도 싫었다. 남과 다르다는 건, 외로운 일이었다. '나는 다르다, 내 인생의 주인공은 나다' 하면서도 늘 다른 사람의 기준에 맞추려고 애썼다. '사랑받아야 하고, 착한 아이가 되어야 한다'는 강박이 컸고 나를 내세우는 것이 항상 두려웠다. 저 깊숙이 자리 잡고 있는 진짜 '내 걸' 꺼내고 싶지만 어떻게 해야 좋을지 몰랐다. 밤새워 책을 읽고, 사람들을 만나서 물어보아도 여전히 풀리지 않았다. 어떻게 해야 진짜 나로 살아갈 수 있을까?

하루는 화장실에 갔다가 (변비 때문에 보통 20~30분은 있었다. ::) 이런 소리를 들었다.

"난 남과 달라요. 내가 바로 '귀자'거든요. 날 남과 같이 봤다면 큰 실수하신 거예요. 날 있는 그대로 살려 주세요."

내 가슴에서 왔는지 머리에서 왔는지 알 수 없지만, 나는 확실히 들었다. 그 말을 종일 곱씹었다. 맞다. 난 남들과 다르지. 남들과 같은 길을 가려고 이곳에 있는 게 아니지.

개성이란 걸 다시 생각해봤다. 우리는 두드러진 점을 지적받으며, 혹 칭찬받으며 살아간다. 대개의 사람은 그게 뭐든지 일단 거론되는 자체를 싫어하게 된다. 예쁜 여자는 예쁘다는 말이 싫다하고, 귀여운 아이는 귀엽다는 말을 싫다하고, 마른 사람은 말랐다는 말이 싫댄다. 나는 남자 같다, 당당하다. 멋지다. 성격 좋다, 씩씩하나, 키 크다, 이런 말들을 많이 듣고 자랐는데, 그런 말들이 너무 너무 싫었다. 내가 별로 들어보지 못한, 여자같고 예쁘단 말이 듣고 싶었다. 그래서 내가 가진 그런 특성들을 싹 없애버리고 싶었다. 그런데 그것들을 없애고 나면… 난 뭐가 될까?

나의 눈부신 개성은, 어쩌면 사람들이 늘 지적하는 그것에, 내가 잘라 버리고 싶어 하는 그것에 숨어있는 게 아니었을까? 너무 두드러져 남과 다른 바로 그 부분에! 그러니 너무 많이 들어서 듣기 싫은 그 말들을 다르게 들어볼 필요가 있다. 내가 싫어하는 부분까지 내 것으로 포용할 수 있다면, 그땐 정말 남과 확연히 다른, 내가 될 수 있을 것 같은데….

_나의 첫 번째 비전퀘스트

북미 인디언들에게는 '비전퀘스트(Vision Quest)'라는, 인생의 비전을 세우도록 하는 전통의식이 있었다. 인디언들은 아이들이 성년이 가까워지면 깊은 숲으로 혼자 들여보내 열흘 동안 음식도 먹지 말고 자신의 인생 비전을 세우도록 했다.

절에서 보낸 40일, 내 안을 깊이 들여다볼 수 있었던 이때가 나의 첫 번째 비전퀘스트가 아니었을까 싶다. 겉으로 드러난 목적은 영어 공부였지만, 정작 내가 공부한 건 '나'였다.

어느새 한 달이 지났다. 이젠 내가 스님 같다. 아침 예불도 보고, 지구를 위한 108배도 올린다. 혼자 지내느라 몸이 근질거릴 만도 한데, 은근히 즐기는 걸 보면 이것도 체질인가 보다. 예전엔 집에 가면 가장 먼저 하는 게, 지저분한 방을 헤치고 들어가 컴퓨터랑 TV 켜는 거였다. 잠시라도 뭘 하지 않으면 불안했는데, 이렇게 아무것도 하지 않고 있어 보니, 이것도 꽤 괜찮다. 고작 40일이었지만, 지난 20년 세월보다 나에 대해 양질의 힌트를 얻었다. 모든 모습이 내 안에 있었다. 하지만 그들을 만나는 데엔 좀 더 시간이 걸릴 것 같다.

얼마의 시간이 걸리든,
나는 나에게로 가는 여정을 멈추지 않을 것이다.

"사람은 자신의 가슴속을 들여다 볼 때 비로소 시야가 트이게 된다.
밖을 보면 꿈을 꾸게 되지만 안을 보면 깨어나게 되리라."

-칼융

신이시여, 제 밑바닥을 보여주소서
🍃 알고 보면 별 거 아냐

히말라야, 신들이 산다는 곳.
전 세계를 여행하리라 꿈꾸면서도 히말라야를 가겠다는 생각은 단 한 번도 하지 않았다. 히말라야가 내 마음에 들어온 적은 없었다. 그런데 헬레나 노르베리 호지가 쓴 《오래된 미래》라는 책을 읽고 히말라야 귀퉁이에 붙은 작은 왕국 '라다크'를 마음에 품게 되었다. 그리고 라다크를 정말 우연히, 얼결에 가게 되었다.

2008년. 모 인터넷 신문사에서 1년 정도 인턴으로 일하다 막 끝난 참이었다. 원래 가려고 계획한 유럽 여행은 그다지 내키지 않았고, 이상하게 자꾸 산이 가고 싶어졌다. 나는 두어 달 쉬면서 매일같이 산을 올랐다. 그러던 어느 날, 신문에서 공고를 하나 보게 되었다.

'청소년 오지탐사대'를 뽑는 광고였다. 대한산악연맹에서 주관하는 프로그램으로 알래스카, 아프리카, 유럽, 히말라야 등 5개 대륙의 오지를 탐험할 대원을 뽑고 있었다. 경비 30만 원. 대상은 만 18~25세의 호기심과 패기, 체력을 갖춘 청소년 50명. 순간 가슴이 엄청 뛰기 시작했다. 장소, 대상, 기준, 경비 그 모든 게 딱 나를 위한 거였다. 이거야, 이거! 나는 당장 오지탐사대원이 되기 위한 준비에 들어갔다.

단 하나 단점은 이 매력적인 조건에 끌린 사람이 너무나도 많았다는 것. 무려 3,300명이 몰렸다. 최종 대원으로 선발되기까지 한 달간 모두 네 차례의 선발 과정을 거치는데, 매번 절반만 살아남는 살벌한 생존게임이었다. 운 좋게도 나는 그 서바이벌게임에서 살아남았다. 아프리카 르웬조리, 북미 알래스카, 호주 태즈메이니아, 유럽 스칸디나비아, 인도 카라코람 등 5개 대륙 탐사팀이 꾸려졌고, 나는 바람대로 히말라야와 라다크를 탐험하는 '인도 카라코람 팀'이 되었다. 두 달간의 준비를 마치고, 20여 일의 일정으로 10명의 팀원과 마침내 2008년 7월 인도로 출발했다.

_아아, 여기는 히말라야다, 오바!!

"여기는 라닥, 라닥입니다. 탑승하신 승객들은 어여 내려주십시오." 해서 내렸더니, 고도가 무려 3,500m. 갑자기 숨이 확~ 막혀왔다.

인도 델리를 거쳐, 서울을 출발한 지 만 하루 만에 우리 팀은 마침내 라다크의 수도 레에 도착했다. 레 공항에서 나오자 멀리 설산이 보였다. '아, 우리가 정말로 히말라야에 오긴 왔구나.' 싶어 자못 경건해졌다.

"신이시여, 우리를 허락하소서."
나는 조심스레 라다크에 첫발을 내디뎠다. 라다크는 과거 인도에서 중앙아시아로 이어지던 실크로드였다. 영토상으로는 인도에 속하지만, 언어나 문화, 종교는 티베트와 유사해 '작은 티베트'라 불린다. 그래, 산소가 좀 희박하면 어떠랴. 자연이 이렇게나 좋은데. 지화자 좋을시고~!

_여긴 지구가 아닌 거 같아

트레킹 동안 5,000m 넘게 오를 거라, '고도적응'이 가장 중요한 과제였다. 고도적응을 제대로 하지 못하면 부상은 물론이고 자칫 목숨마저 위험할 수 있다. 이틀 간 레에 머물며 고도 적응을 한 뒤, 바로 마카밸리로 떠났다. 우리가 할 트레킹은 마카밸리와 잔스칼 산군을 돌아보는 여정으로, 8일간 총 90km를 걷게 된다.

마카밸리 구간은 고도가 들쭉날쭉한 데다 경사가 완만하게 올라가서 고도 적응에 좋은 코스였다. 게다가 아름답다! 아름답다는 말은 여러 번 듣고 갔는데도, 막상 그랜드캐년은 저리

가라 할 정도로 웅장한 풍경을 대하자, 모두 말을 잊었다. 저 멀리 보이는 설산까지, 이 모든 게 히말라야에 와 있음을 알려주었다. 마치 달에 와 있는 것처럼 초현실적인 느낌이었다.

"아아, 여기는 히말라야, 히말라야다, 오바." 누군가에게 크게 외치고 싶은 심정이었다.

라다크는 '고갯길이 많은 지역'이란 뜻의 티베트어 '라그다스'에서 나왔다는 추측이 있을 정도로 높은 고개들이 많다. 나름 적응 훈련을 한다고 했지만, 고도 5,000m를 오르락내리락하면서 다들 고산병 때문에 엄청 고생했다. 일부 대원은 "밤새 토하느라 잠을 잔 건지 안 잔 건지 모르겠다."며 고통을 호소해왔다. 고도가 급격히 올라가면서 대원들 대부분이 두통과 구토, 불면증 같은 전형적인 고산 증세를 보였다. 그런데 나는 생각보다 너무 멀쩡했다. 고산병의 '고'자도 경험하지 않았다. 다들 나더러 체력 짱이라며 '현지인'이란 별명까지 붙여줬는데, 실은 내게도 말 못 할 사정은 있었다.

_신이시여, 제 밑바닥을 보여주소서

나는 건강한 신체의 소유자에 무딘 신경으로 사람들이 '넌 타고난 여행자'라며 감탄할 정도다. 그런데 단 하나 예외가 있었으니, 바로 화장실! 나는 조금만 환경이 바뀌어도 화장실을 못 간다. 어려서부터 그랬다. 친척 집에 놀러 가면 내내 화장실을 못 가고 고스란히 변비가 되었다. 여행 좋아하는 내겐 아주 괴로운 부분이었다. 트레킹을 하는 동안 당연하게도 화장실이 없었다. 그건 들판, 길 어느 곳에나 볼일을 봐야 한다는 뜻. 과연 내가 잘 해낼 수 있을까? 일주일이면 몰라도 20일은 너무 길다.

5일째 되는 날, 내게도 선택의 순간이 왔다. 참고 참았는데 새벽부터 신호가 왔다. 참지 못하고 벌떡 일어나 들판으로 나갔다. 다행히 이른 시간이라 아무도 일어나지 않았다. 가능한 아무도 없는, 방해받지 않을 공간을 찾아 헤맸다. 마침내 텐트에서 걸어 5분 거리에서 약간 수풀이 우거진 곳을 찾았다. 그제야 한숨 돌릴 수 있었다. 눈앞에서 막 해가 솟아오르려는 참이었다. 정면에 스톡 캉그리(Stok kangri) 산맥이, 등 뒤로 캉 야체(Kang Yaze) 산이 장엄하게 뻗어 있었고, 하늘은 주황, 보라, 노랑 등 온갖 미묘한 색으로 물들어갔다.

눈앞에서 펼쳐지는 히말라야의 장엄한 일출. 수 만금을 주고도 못 살 그 광경을 지켜보며, 나는 황홀해 쓰러질 지경이었다. 너무너무너무 감동한 나머지, 내가 볼일을 보고 있다는 것도 잊었다. 그날 들판에서 볼일 보는 즐거움이 얼마나 큰지 알면서, 아무 데서나 엉덩이를 까고 앉아 볼일 보는 인도인들을 진심으로 이해했다. 한번은 누군가 인도의 화장실 문화가 형편없다고 비판하자, 한 인도인이 이렇게 답했다고 하지.

"우린 당신들처럼 성냥갑 안에 숨어 볼일을 보는 대신, 대자연 속에 앉아 바람과 구름을 보며 볼일을 본다. 그게 우리에겐 최고의 명상이다. 그렇게 무엇으로든 자신을 가려야 문명인인가. 오히려 자연스러움을 혐오하고 인위적인 것을 추종하면서 나무는 더 많이 잘리고 물은 더 오염이 됐다."

- 류시화, 《하늘 호수로 떠난 여행》 중에서

사실 식욕, 섹스, 배변과 같은 본능들이 얼마나 자연스러운 것들인가. 그런데도 우린 그 자연스러운 것들을 문명의 이름으로 얼마나 열심히 가리고 포장하고 있는가. 실은 내가 그렇다. 나는 말끔하고, 고귀한 인간이고 싶었다. 그래서 추하고 못난 부분을 포장하고 가려보려 많이 노력했는데, 이 대자연 속에서는 나를 가려줄 것이 아무것도 없었다. 일주일 넘게 씻지도 못하고 화장실도 없는 '오지'를 다니는 동안, 그토록 숨기려 했던 내 밑바닥을 봐버렸다. 나라는 인간도 결국은 먹고 싸고 놀면서 기본적인 생존 욕구로 살아가는 '동물'이라는 걸.

내 안의 동물과 반갑게 조우한 뒤, 많이 편해졌다. 확실히 화장실에 덜 민감해졌고 변비 증상도 거의 없어졌다. 실은 그게 트레킹을 무사히 완주한 것보다 더 큰 기쁨이었다. 막상 해보니 그리 힘든 것도 어려운 것도 아니었다. 그런데 그동안 왜 그리 꽁꽁 감춰 왔을까. 뭔가 내 한계를 넘어선 기분이다.

하늘과 맞닿아 있어 '하늘 정거장'이라고도 불리는 라다크.

똥 누면서 생각했다.

내 밑바닥에 좀 더 다가가자.
내 밑바닥에 뭐가 있더라도 그를 마주보자.
실제로 보면 아무것도 아닐 수 있으니.

"알면 사랑한다.
모르기 때문에 두려워하고 미워하는 것이다."

- 최재천, ≪대담≫ 중에서

나는 쓸모없습니다
🍃 나를 옭아매는 악성프로그램들

심리학자들은 종종 인간의 '마음'을 컴퓨터에, '생각과 믿음'을 프로그램에 비유한다. 프로그램 중에서도 악의적인 목적으로 개발돼 컴퓨터 시스템을 교란하고 다운시키는 악성프로그램이 존재하듯, 우리의 마음에도 자기혐오를 불러일으키거나 스스로를 실패자로 몰아가는 악성 믿음들이 있다.

'나는 뭘 해도 안돼', '나는 살 가치가 없어', '나는 남에게 폐만 끼치는 존재야', '누구도 날 좋아하지 않아', '나는 어떤 일도 마무리하지 못해'와 같은 믿음들.

이런 믿음은 관계를 맺고, 일을 하고, 삶을 살아가는데 있어 전혀 도움이 되지 않는다. 하지만 마음에 교묘하게 침투하여 사용자가 이를 믿게 되면, 이 믿음들은 서서히 사용자를 파멸로 몰아가거나 깊은 우울에 빠져들게 한다.

_ 내가 가장 두려워한 한마디

사람을 움직이는 여러 가지 동력 중 가장 대표적인 것을 꼽는다면 '사랑과 두려움'을 들 수 있다. 죽음이 가까워지면 다른 감정들은 사라지거나 약해지지만, 이 두가지 감정만은 사라지지 않고 끝까지 남는다고 한다.

내 삶을 움직여온 가장 큰 동력은 사랑보다는 두려움이었다. 내 안에는 수많은 두려움이 존재했다. 부족함에 대한 두려움, 버림받는 두려움, 평범해지는 두려움, 아무것도 이루지 못할 것 같은 두려움, 고통에 대한 두려움, 거절에 대한 두려움, 가난해지는 두려움, 혼자가 되는 두려움, 살찌는 것에 대한 두려움, 인정받지 못하는 것에 대한 두려움 등등. 그 중에서 가장 강력한 두려움은 쓸모가 없다는 두려움이었다. 만약 말 한마디로 사람을 죽일 수 있다면, 나를 죽이는 말은 이 한 마디다.

"넌 정말 쓸모없는 존재야."

이 한마디면 내가 가진 열정과 에너지를 즉시 빼앗을 수 있고 나를 깊은 우울에 빠져들게 할 수 있다. 이미 마음속으로 그렇게 믿고 있었기 때문에. 하지만 다른 사람들에게는 내가 가치 있는 사람이라는 걸 보여주고 싶어서 증명하려고 무척 애를 썼다. 히말라야를 오르고, 조직의 리더를 맡고, 열심히 공부해서 1등을 하고, 세계여행을 하고, 남이 하지 못하는 걸 해나가면서 내가 얼마나 가치 있는 사람인지 보여주고자 했다.

'봤지? 내가 뭘 했는지 봤지? 봐, 나 이렇게 대단한 사람이야. 난 부족하지 않다니까!' 내가 원했던 건 이 한마디였다.

'너, 정말 대단하구나! 근데 이렇게 하지 않아도, 넌 이미 멋진 사람이야. 존재 자체로도 충분해.'

하지만 내 안, 저 깊숙한 곳에서 반복되어 들리는 소리는 이랬다.

'아무리 애써도 넌 여전히 부족해. 언제나 부족하다구. 알아? 네 실체를 알면 모두가 떠나갈걸. 쓸모없는 녀석.'

가만히 있으면 '내가 쓸모없다'는 생각이 올라와서 견딜 수가 없었다. 스스로를 증명하는데 너무 많은 에너지를 써서 쉽게 지쳤고, 작은 실수라도 하면 심하게 자책했다. 그럴 때마다 우울감에 빠지고 쉽게 무기력해졌다. 그러면 다시 '나는 쓸모없다'는 생각이 찾아왔다. 이게 나의 패턴이었다.

이 패턴이 심해지는 날이면, '살아야 할 이유도 없다'는 생각으로 이어졌고, 이 생각은 '그럼 죽는 게 낫겠다'는 생각으로 다시 연결되었다. 나는 너무 쓸모가 없어서 죽어야 한다는 이런 생각의 흐름은 일종의 '킬러 프로그램'이었다. 덕분에 나는 자주 자살을 생각했고, 폭식과 같은 자기 학대적인 행동을 반복했다. 나는 이 세상에서 누구도 두렵지 않았지만 단 하나,

나를 비난하고 학대하고 죽음으로 몰아가는 이 킬러프로그램은 너무 두려웠다. 언제 어디서 작동하여 나를 어둠으로 끌고 갈지 알 수 없었기 때문이다.

_내면의 전투, 이너게임 Inner game

세상에는 두 가지 종류의 게임이 있다고 한다. 외부에서 벌이는 '아우터게임(Outer game)'과 내면에서 벌어지는 '이너게임(Inner game)'. 아우터게임은 외부의 목표물을 얻기 위해 외부의 장애물을 돌파하는 것이고, 이너게임은 잠재역량을 발휘하는데 방해가 되는 내적 요소를 최대한 억제하는 것이다.

≪이너게임≫을 쓴 티머시 골웨이는 성공하는데 혹은 행복해지는 데 정말 중요한 건 '이너게임'이라고 본다. 그는 테니스 코치를 하면서 이너게임의 원리를 발견했는데, '우리에게는 태어날 때부터 모든 것이 갖추어져 있다'는 것이다. 그는 스킬이나 테크닉을 가르치는 것보다 잠재력을 발휘하는 데 방해가 되는 내면의 장애를 제거하는 것이 선수들이 성과 내는 데 훨씬 중요하다는 걸 발견한다. 이너게임이 어떻게 작용하는지 한번 살펴보자.

내면에서 지시하고 통제하고 잔소리하는 나를 '셀프 1'로, 그 잔소리를 듣는 대상인 또 다른 나를 '셀프 2'로 명명해보자. 셀프 1은 코치, 셀프 2는 선수에 비유할 수 있는데, 이 둘이

벌이는 게임을 잠깐 살펴보자.

셀프 2가 경기장에 들어서며 이렇게 말한다.
"좋아, 이제 들어가자. 한번 멋지게 해보는 거야!"

이때 셀프 1이 코웃음 치며 말한다.
"웃기고 있네. 넌 훌륭하지 않아. 넌 그렇게 대단하지 않다고. 봐봐, 그렇게 예쁘지도 않고, 영리하지도 않지. 네가 지난번에 해냈을 때 누가 좋아하디? 넌 안돼. 더 강해지면 그때 돌아와. 지금은 안된다니까, 넌 너무 부족해!"

마치 나를 보고 있는 듯한 익숙한 장면이다. 이처럼 무언가를 하려고 할 때, 나를 평가하고 조종하고 비웃는 99%는 코치를 가장한 셀프 1, 즉 나 자신이다. 티모시 골웨이는 셀프 1과 2가 충돌할 때, 의도적으로 셀프 2에 집중하기로 선택해야 한다고 말한다. 자신을 있는 그대로 느끼고 받아들이며, 셀프 2에 신뢰를 보내야 한다. 어쨌든 중요한 건 경기장을 뛰고 있는 선수이지, 코치가 아니니까 말이다. 같은 맥락으로 미국 대통령이었던 시어도어 루스벨트의 아래 연설이 유명하다. '경기장의 전사(the man in the arena)'로 많이 회자하는 부분이다.

"비평가는 중요하지 않다. 관중석에 앉아서 선수가 뭘 어찌했고, 뭐가 부족하고, 어떻게 하면 더 잘할 수 있었는지 지적하는 사람들은 중요치 않다. 모든 영광은 먼지와 피와 땀을 뒤집어 쓴 채 경기장에 뛰고 있는 자의 몫이다. 실패하고, 또 실패하는 사람, 노력에는 실패가 뒤따르기 마련임을 아는 사람, 가치 있는 목적을 위해 자신을 희생하는 사람에게 영광이 돌아가야 한다. 앞서면 이길 것이요, 뒤처지면 질 것이다. 그러나 실패하고 패배했다 하더라도 그는 담대하고 위대하게 진 것이다."

사실 우리가 끊임없이 스스로를 비평하고 비난하고 자책하는 데엔 다 이유가 있다. 인간행동 연구가들은 "우리가 생각하는 모든 것들이 77%가 부정적이고 비생산적이며, 우리가 원하는 것과 반대되는 것"이라고 말한다. 보통 아이들은 자라는 18년 동안 "안돼!"라는 말을 14만 8천 번 이상 듣고 자란다. 즉 부정적인 생각을 하는 건 인간의 본성이라는 거다. 아무리 칭찬 100가지를 해준들, 고쳐야 할 점 한 가지를 말해주면 거기에 꽂히게 되고 계속 그 생각만 하게 되는 경험, 다들 있지 않나? 누가 봐도 멋지고, 능력 있는데도 불구하고 '나는 무능력해' '나는 가치가 없어'라고 믿는 사람들을 많이 보았다. 그들 내면 깊이 들어가면 그렇게 속삭이고 있는 누군가가 있었다. 나처럼.

'나는 쓸모없다'는 믿음은 내 삶의 모든 부분에 골고루 영향을 끼쳤다. 잘 나가다가도 막판에 알 수 없는 힘에 무너질 때가 있었다. 누가 나를 잡아끄는 게 아니라, 스스로 내 발목을 잡고 있다는 느낌이었다. 하지만 나를 옭아매고 있는 그 밧줄을 도대체 어떻게 풀어야 할지 알 수 없었다.

대체 어떻게 하면,
내면의 비평가 입을 막고, 경기장 문을 열어젖히고
'그래도 하겠어!'라고 말할 수 있을까?

내 안의 믿음 바꾸기
 믿는 대로 경험한다

2014년 명상을 배우기 위해 (혹은 내면의 상처를 치유하기 위해) 인도의 한 명상학교에서 3개월을 지낸 적이 있었다. 새벽 6시 일출 명상으로 시작해 저녁 6시까지 온갖 요가, 명상, 철학 수업이 번갈아 가며 진행되었다. 재미있는 수업들이 많았는데, 그 중 〈내 안의 믿음 바꾸기〉 세션도 있었다.

하루는 인도인 선생이 들어오더니 대뜸 이야기로 수업을 시작했다.

두 아이가 있었어요. 어느 날 마을 어귀에 아주 멋진 차가 서 있는 걸 보고, 둘은 냉큼 올라서 장난치다 그만 차 주인에게 걸리고 말았죠. 엄청난 부자였지만 성질이 고약했던 차 주인은 두 아이를 엄청나게 혼냈습니다. 시간이 흘러 아이들은 어른이 되었고 매우 다른 삶을 살게 되었습니다. 한 명은 자기 사업을 일궈 큰 부자가 되었고, 다른 한 명은 매우 가난하게 살았어요. 굉장히 비슷한 가정환경에서 자랐는데, 무엇이 그 둘의 차이를 만들었을까요? 바로 그날에서 비롯된 믿음 때문이었습니다. 부자에게 호되게 꾸지람을 들은 날, 둘은 엄청나게 충격받고 각각 이런 생각을 하게 됩니다.
'나중에 엄청난 부자가 돼서 더 좋은 차를 가질 거야!'
'부자는 무서워... 앞으론 근처도 가지 말아야지!'
작은 사건이었지만, 두 아이는 각각 부에 대해서 받은 인상이 달랐고, 그로 인해 부에 대한 믿음도 달라졌어요. 그 둘은 각자의 믿음대로 삶을 꾸린 거죠. 이렇게 우리는 믿는 대로 자신의 삶을 경험합니다.

선생은 긴 이야기를 마치더니 우리를 한번 쓱, 하고 훑어보았다. 모두 조용히 앉아 다음 말을 기다렸다. 나는 속으로 이야기를 곱씹으며 생각했다.

'같은 환경을 겪었지만, 해석이 서로 달랐고, 결과적으로 그들의 삶도 달라졌다는 거지? 하긴, 객관적 사실은 겨우 10%에 불과하고 나머지 90%는 그 일에 대한 우리의 반응이라고 하잖아. 그런데 정말 그 믿음 하나로 그렇게 달라진 걸까? 뭔가 다른 게 또 있지 않을까?'

선생이 이어 말했다.

"사람은 자신이 믿는 대로 경험합니다. 성공과 실패 사이에는 단 한 가지 차이뿐입니다. '단단한 믿음'이 있었느냐 없었느냐. 어떤 믿음은 우리에게 힘을 주고, 어떤 믿음은 우리를 무기력하게 만들고 에너지를 앗아갑니다. 그럼 내가 어떤 믿음으로 가지고 있는지, 그것부터 한 번 살펴봅시다."

선생은 우리에게 먼저 자신이 가진 믿음들을 모두 적어보게 했다. 믿음은 신앙만이 아니라, 내가 '옳다'고 믿고 있는 모든 것들이다. '나는 감정표현을 잘 못 해, 나는 필요할 때 사람들이 도와줘, 이 세상에 믿을 놈 하나도 없어, 돈은 좋은 거야, 정치인들은 사기꾼이야, 난 착해, 난 운이 정말 없어.' 이런 것들이 모두 믿음이 된다. 어떤 것이든 '믿게 되면', 그것은 내 무의식에 영향을 주게 되고, 무의식이 영향을 받으면 그는 내 삶을 지배하는 프로그램이 되어 내 현실에 반영된다.

선생은 여러 믿음 중 자신에게 가장 큰 어려움을 주는 부정적 것을 하나 고르라고 했다. 그리고 그를 힘을 주는 긍정적인 믿음으로 바꾸는 작업을 해보자고 했다. 나는 기회가 왔다고 생각했다. '나는 가치 없다, 쓸모없다'는 내 안의 부정적 고리를 끊어낼 절호의 기회.

인도인 선생은 어떻게 하는지 실제로 보여주겠다며, 누가 자원하겠느냐고 물었다. "저요." 내가 손을 번쩍 들었다. 선생이 내게 앞으로 나오라고 했다. 부정적 믿음을 하나 말해보세요.

"나는 쓸모없다, 입니다."
선생은 내게 눈을 감으라고 주문하고 말을 이어갔다.
"만약 당신이 그 믿음을 2년 후에도 계속 가지고 있다면, 어떻게 될 거 같나요? 5년 후에는요? 관계에서, 재정에서, 경력에서 모든 부분에서 생각해보세요. 내 미래가 어떨지 '그려보고', '느껴보세요.'"

같은 교실에서 수업을 듣던 40여 명의 학생들은 침을 삼키며 나를 지켜보았다. 나는 선생의 주문대로 눈을 감고 상상하기 시작했다. '나는 쓸모없다'는 믿음을 가지고 있을 땐 나는 언제나 '실패자'였다. 관계도, 일도, 잘 안됐다. 나의 두려움이 모든 걸 망치고 삐걱대게 했다. 미래를 상상할 것 없이 지금이 바로 그랬다. 기분이 몹시 나빠졌다. 모든 것에 걸려버린 느낌. 모든 게 엉망진창이었다. 아무것도 할 수 없을 것 같았다. 나는 슬펐고, 화가 났다. 왜 날 알아주지 않는 거지? 왜 난 이 모양 이 꼴인 거지? 난 꿈을 가졌지만, 언제나 실패자였다….

선생이 새로 주문을 했다.
"이번엔 내게 힘을 주는 긍정적인 믿음을 하나 말해보세요."

나는 영감이 발달해있고, 강한 영적인 힘이 있다고 말했다. 선생은 거기에서 "나는 세심합니다(I'm sensitive)."를 뽑아냈다. 그게 내게 힘을 주는 믿음이라고. 그 순간 반발심이 올라왔다. 그렇게 사소한 게 어떻게 내게 힘을 줄 수 있겠느냐 그리고 어떻게 그게 긍정적인 믿음이냐, 따지고 싶었지만 그럴 기회가 없었다. 선생이 바로 다음 질문을 던졌기 때문이다.

"나는 세심하다는 믿음을 가지고 있다면, 2년 뒤, 5년 뒤 내 삶이 어떻게 될 거 같나요? 그려보고, 느껴보고, 우리에게 말해주세요."

수강생들이 모두 숨을 죽이고 내 다음 말을 기다렸다.
나는 상상했다. 그리고 말했다.

"음, 내가 세심하다면… 나는 사람들을 더 잘 느껴요. 그들이 필요한 게 뭔지, 그들이 어떤 문제를 가졌는지 느낍니다. 그리고 도와줄 수 있어요. 그들이 원하는 게 뭔지 알 수 있으니까. 나는 내가 원하는 게 뭔지 정확히 알고 그를 얻을 수 있습니다. 나 자신에게도 세심하니까요. 내 인생은 분명해지고 확실해졌어요. 나는 내가 원하는 걸 명확히 알고, 그걸 해나갑니다. 많은 사람이 내게 도움을 얻고 고맙다고 말하네요. 행복합니다."

말하는데, 갑자기 눈물이 쏟아졌다. 사람들에게 도움을 주는 내 모습이 생생히 그려졌고, 그들이 내게 고맙다고 하는데, 상상만으로도 가슴이 벅차 나도 모르게 울음이 터졌다. '아, 나는 가치 있는 존재였구나.' 처음으로 느껴본 감정이었다. 다른 수강생들이 큰 소리로 내 이름을 부르면서 손뼉 치며 응원해

췄다. 내가 이렇게 환영받고 있구나, 내가 이렇게 쓸모가 있구나. 굉장히 행복했다.

세션이 끝나고 나서 다른 수강생들이 내게 고맙다고, 정말 대단했다고 인사해왔다. 나를 안고 우는 사람들도 있었는데 그게 나 때문인지 그들 자신의 문제 때문인지는 알 수 없었다. 아무튼 나는 엄청나게 벅차올랐고, 내 안의 큰 오물 덩어리가 빠져나간 것처럼 시원했다.

그동안 나는 사랑하는 사람들에게 잘 다가가지 못했다. 내 실체-가치 없다, 쓸모 없다는 걸 알게 될까 봐, 그래서 그들을 잃을까 봐 두려워서 거리를 두려고 애썼다. 남자친구와의 관계는 7개월을 넘지 못했고, 누가 내게 호감을 표해도 결국 그가 '내가 가치 없는 인간'이라는 걸 아는 순간이 올까 봐 늘 거리를 두었다. 누구에게도 나를 있는 그대로 다 보여주지 않았다. 결국 이 같은 나의 모든 행동과 두려움이 결국은 '나는 쓸모 없다'는 그 믿음에서 비롯된 것이라는 걸 깨닫게 되자, 눈물이 쏟아졌다.

이제 보니 정말 쓸모 없는 건, 내가 아니라 '나는 쓸모 없다'는 그 믿음이었다. 내 부정적인 믿음들이 내게 어떻게 영향을 끼치는지 분명히 보게 되면서, 나를 바꾸는 대신 나를 보는 눈을 바꿔가기 시작했다.

"인류가 발견한 최고의 깨달음은
인간은 자신의 태도를 바꿈으로 말미암아
자신의 인생을 바꿀 수 있다는 것이다."

- 윌리엄 제임스, 하버드 대학 교수

치명적인 약점에 강점도 있다
재능의 재발견

어렸을 때 나는 열등감이 심했다. 도대체 무엇에 재능이 있는지 알 수가 없었다. 아무리 봐도 남보다 유달리 뛰어나 보이는 구석이 없었다. 학창 시절 내내 '나는 무엇을 잘 할 수 있을까?'라는 것에 꽂혀 많은 시간을 들였다. 재능과 관련된 자료들을 찾아 읽는 한편, 나를 관찰하는 데도 공을 들였다. 장점노트와 칭찬노트를 만들어 뭐라도 하나 괜찮은 구석이 보이면 다 적어두었다. 신이 까먹지 않았다면, 내게도 재능 하나쯤은 주지 않았을까?

지푸라기라도 잡는 심정으로 나를 다시 보려고 노력하면서 ≪무엇을 잘 할 수 있는가≫(2010)라는 '내 안의 강점발견법'을 다룬 책을 공저로 내기도 했고, 또 강점을 찾고 발현하도록 도와주는 '강점코치(Strengths coach)'로도 활동하며, 재능에 대해 한층 깊이 있는 시각을 가질 수 있었다.

_내게도 특별한 재능이 있을까?

흔히 재능이라고 하면, 머리가 남달리 좋거나, 노래를 잘하거나, 춤을 잘 추거나 특별히 뭔가를 잘하는 사람을 생각하기 쉽다. 하지만 50년 이상 재능과 강점을 연구해온 미국 갤럽(Gallup)의 정의는 그와 조금 다르다. 재능은 '타고난 대응, 감각, 행동 능력의 반복적 패턴'으로, 나도 모르게 반복적이고 자동으로 행하는 일들이다. 때로 재능은 너무도 자연스러워서 스스로 알아차리기가 쉽지 않을 수 있다.

한번은 빼어난 기획력으로 다양한 행사를 기획하고 사업을 운영하는 친구에게 그의 남다른 기획력 비결을 물어본 적이 있었다. 친구는 별 이상한 질문을 다 한다는 듯 나를 보더니, 한마디 했다.
"별거 아닌데… 그 정도 기획은 누구나 하는 거 아닌가?"

세기의 천재 아인슈타인은 자신을 두고, "특별한 재능은 없지만, 열렬한 호기심이 있을 뿐"이라고 했다. 일본의 대표적 정리컨설턴트 곤도 마리에도 "어릴 때부터 정리하고 청소하는 걸 너무 좋아해 당황스러울 정도였다."고 고백했다. 그녀는 당황스러운 정리습관 덕에 세계 최고의 정리컨설턴트가 되어 세상 바쁘게 활동하고 있다. 그러니 나 같은 사람이 재능이 없다고 한숨 쉬는 것도 무리는 아니다. 대체로 요 재능이란 녀석은 너무 사소한 곳에 숨어 있어 자세히 보지 않으면, 오래 보지 않으면 알아차리기가 쉽지 않다.

_재능이 숨어있는 자리

한번은 인도에 갔다가 이런 재미난 이야기를 들었다. 성격이 예민한 예술가에 관한 이야기였다. 능력이 출중하고 사회적으로 성공한 한 예술가가 있었다. 그런데 성격이 어찌나 모났던지 주위 사람들이 모두 괴로워했다. 예술가도 너무 예민하고 직설적인 자신의 성격을 아는지라, 고민 끝에 구루(정신적 스승)를 찾아가 상담을 요청했다. 예술가가 성격을 고치고 싶다고 하자, 그의 말을 곰곰이 듣던 구루는 이런 말을 해주었다.

"제가 고쳐줄 수 있습니다. 다만 한 가지 알아야 할 게 있어요. 당신의 창의성이 발현되는 지점과 신경질적인 부분이 맞물려 있다는 사실이에요. 당신의 예민한 성격을 고쳐줄 순 있지만, 그러면 당신의 예술적 재능도 같이 없어질 거예요. 그래도 괜찮겠어요?"

예술가는 그 말을 듣고 잠자코 있더니, 아무 말 하지 않고 그대로 돌아가 버렸다고 한다. 구루가 이야기하고자 하는 바는 명확했다. 유달리 강한 감수성에서 뾰족한 성정과 예술적 재능이 함께 나오고 있다는 것. 약점은 내가 가진 재능의 대가일 수 있으며, 그를 없애는 게 아니라 포용해야 한다는 것이다.

이쯤에서 우리가 '약점'이라고 생각하는 것들을 가만히 생각해보자. 나에게 있어 약점이라고 치부하는 것들은 과연 어떤 것들인가?

_ 약점은 재능이 될 수 있을까?

우리는 흔히 약점을 나의 부족한 점 또는 내게 없는 무언가로 여긴다. 그런데 사실 많은 약점이 나의 강한 특성에서 나온다고 하면 믿을 수 있겠는가? ≪위대한 나의 발견, 강점혁명≫ (마커스 버킹엄 지음) 책에 보면 이런 문구가 나온다.

> "강한 행동 패턴을 표현하는 말은 불가사의하게도 종종 부정적으로 해석된다. 예를 들어 결심이 서면 곧바로 행동에 옮기는 특성을 사람들은 참을성이 없거나 충동적이라고 묘사한다. 자신이 뛰어나다고 주장하는 사람은? 자만심이 강한 사람. 앞일을 생각하고 항상 '만일 그렇다면'을 묻는 사람은? 걱정도 팔자인 사람."

그런데 과연 시선을 바꾼다면 약점이 강점이 될 수 있을까? 나만 해도 그동안 많은 재능을 찾았지만, 내 약점이 신경 쓰여 앞으로 나아갈 수 있을 것 같지 않았다. 그래서 한 가지 실험을 해보기로 했다.

나를 포함해 약점에 발목 잡힌 사람들을 대상으로 '나의 약점을 드러내고, 그에 숨겨진 힘을 재발견하는 실험'이었다. 〈약점의 재발견 프로젝트〉라고 이름 붙이고, 2년 넘게 150명 이상의 사람들을 대상으로 약점의 재발견 워크숍을 운영했다.

_약점을 대하는 우리의 자세

워크숍에 참석한 사람들은 먼저 자신의 약점을 써서 그를 공유하는 시간을 갖는다. 그런데 놀랍게도 자신에게 부족하거나 없는 점을 약점으로 쓰는 사람은 거의 없었다. 대부분 자신이 가진 매우 강한 특성들을 적었다.

예를 들면 이런 것들이다. 책임감이 강한 사람은 '거절하지 못하고 일을 과하게 떠맡는 것'을, 감수성이 발달한 사람은 자신의 '예민함'을 약점으로 꼽았다. 또 행동력이 강한 사람은 자신의 '성급함'을, 전략적 특성이 강한 사람은 상황마다 전략을 바꾸는 자신의 '기회주의자' 같은 면모를 약점으로 보았다. 이처럼 너무 강해서 자주 드러나는 특성이 긍정적으로 쓰이지 못하거나 조절되지 못할 때, 사람들은 그를 자신의 치명적인 약점으로 인식했다. 그건 나도 마찬가지였다.

나는 어렸을 때부터 사람들의 특성을 매우 잘 파악했는데, 누굴 만나도 그가 어떤 재능을 가졌는지, 어떤 행동 패턴을 가졌는지 재빨리 알아챘다. 상대방의 특징을 파악하면 그에 맞춰 나의 행동과 언어를 조정했고 성격도 바꿀 수 있었다. 이런 '맞춤화'는 무의식적으로 발휘되는데, 이는 사실 내 저주받은 약점이었다. 맞춤화 능력은 '줏대 없음'으로, 다른 사람들의 재능을 매우 잘 파악하는 능력은 '타인과 나의 재능을 비교하는 열등감'으로 작용했기 때문이다.

뿐만 아니다. 나에게는 머릿속에 생각한 것을 바로 실행에 옮기는 강력한 실행력이 있는데 이는 오랫동안 '성급함' 또는 '무모함'으로 치부되어 저평가되었다.

약점으로 생각해서 억누르려고 애썼던 그 특성들이 실은 엄청난 재능이라는 건 나중에 알게 되었다. 미국 갤럽에서는 인간의 재능을 34가지 테마로 구분해 설명하는데, 그중에서 사람들의 고유한 특성을 파악하는 능력은 '개별화'라는 재능테마로, 아이디어를 실행하는 능력은 '행동'이라는 재능테마로 부른다. 이처럼 열등하다고 생각했던 나의 약점들이 실은 내가 가진 재능이었다는 걸 알게 되면서 큰 해방감을 느꼈다. 나는 약점투성이 인간이 아니었다. 다만 많은 재능을 가지고 있지만 어떻게 쓰는지 몰라서, 약점으로 처박아 두고 있었을 뿐!

위 작업을 하면서 내가 치명적인 약점이라 생각하던 특성이 가진 긍정적인 힘을 새롭게 알게 되었다. 근본이 없고 뭐든 마음대로 하려는 특징은 자기 이론을 만들 수 있는 힘이었고, 다른 사람들의 반응과 기분에 민감한 특성은 알고 보니 공감능력이 매우 발달한 것이었다. 예전에는 나의 약점을 바꾸고 없애야 한다고만 생각했는데 약점에 숨은 힘을 알게 되자, 내 안에서 뭔가 자각이 생겨났다. '아, 내가 이렇게 생겨먹은 사람이구나, 그냥 이게 나구나. 부끄러워 할 필요도, 나를 숨길 필요도 없겠구나,' 하는.

_재능이 깃든 자리

사실 재능이 없는 사람은 없다. 만약 재능이 없다고 여긴다면 그건 자신이 가진 특성의 가치를 제대로 알지 못한다는 뜻이다. 마커스 버킹엄은 "인생의 진정한 비극은 우리가 충분한 강점을 갖고 있지 않다는 데에 있지 않고, 오히려 갖고 있는 강점을 충분히 활용하지 못한다는 데에 있다."고 얘기한다.

에이미 멀린스(Aimee Mullins)라는 사람이 있다. 그녀는 세상에서 가장 섹시한 다리를 가진 사람으로 불리지만 놀랍게도 종아리 아래로 다리가 없다. 선천적으로 종아리뼈가 없이 태어난 탓에 한 살에 두 다리를 절단하고 의족을 끼우고 생활했다. 다리는 없지만 뛰는 것을 좋아하여 육상선수가 되었다. 그리고 1996년 애틀란타 패럴림픽 육상부문에서 세계신기록을 세웠다. "어떻게 장애를 극복하고 성공할 수 있었습니까?"라고 사람들이 묻자 그녀는 이렇게 답했다.

"장애를 극복했다기보다, 내가 가진 잠재력을 발휘했습니다."

이전에 나는 재능은 굉장히 특별한 곳에 숨어있다고 생각했다. 그래서 오랫동안 재능을 찾아 헤맸는데, 알고보니 재능은 아주 사소한 것에 숨어 있더라고. 우리에게 필요한 건, '특별한 재능'을 찾는 것이 아니라 내게 있어 '너무나도 자연스러운 재능'을 찾는 일이 아닐까? 얼마나 많은 재능이 있느냐보다 중요한 건, 내가 가진 걸 어떻게 활용하느냐니까.

다리가 없는 것조차 자신의 강점으로 승화시킨 에이미 멀린스는 의족을 끼고 패션쇼에 섰고 TED (*테드: 미국의 비영리 재단에서 운영하는 강연회)에서 강연을 하는 등 다양한 활동을 하며 이런 메시지를 전한다.

"결함으로 여겨지는 것들과 우리의 위대한 창조적 능력은 동반자 관계입니다. 역경을 부정하고 피하고 숨기는데 공들이기보다, 그 안에 감춰진 기회를 찾는데 공을 들이세요."

내 재능이 보이지 않는다면, 수많은 약점 때문에 도무지 강점이라는 게 와 닿지 않는다면, 그 약점들을 다시 한 번 살펴볼 필요가 있다. 내가 그토록 두려워했던 그곳에, 알고보면 내가 가장 찾고 싶었던 것이 숨어있을지도 모를 일이다.

그냥 나로 살고 싶은 거야

나에겐 인간에 대한 믿음이 하나 있는데, 누구나 저마다 타고난 빛이 있다는 것이다. '위인'이란 다른 게 아니라, 자기 안에 빛이 있다는 걸 알고 그를 자기 방식대로 발휘한 사람들이다.

그런 의미에서, 영화 〈천하장사 마돈나〉(2006)에 나오는 주인공 '오동구'도 위인이다. 가진 거라곤 힘뿐인 동구는 자신을 여자라고 생각하는 십대 소년이다. 여자가 되려면 성전환 수술을 받아야 하는데, 500만 원이 필요하다. 동구는 수술비를 마련하기 위해 씨름대회에 나가기로 마음먹는다. 우승하면 상금이 500만원! 남다른 자신의 괴력마저 '여자가 되는 꿈'을 이루는데 쓴다. 동구에게 여자가 된다는 건 욕망이기보다 생존에 가깝다. 동구는 단짝친구에게 이렇게 말한다.

"나는 무언가 되고 싶은 게 아니라, 그냥 나로 살고 싶은 거야."

사람들은 이해하지 못하지만, 동구는 그냥 자신의 꿈을 밀어 붙인다.

나는 20대를 지나며 3번의 이직을 하고, 3년을 여행하고, 또 3권의 책을 썼다. 다른 친구들과 조금 다른 길을 가고 있는 나에게 자주 물어본다. '나는 왜 이 일을 하고 있지? 왜 이런 글을 쓰고 있지? 난 왜 이렇게 살아가고 있지?' 아무리 물어봐도 답은 늘 같다.

다른 방식의 삶은 원치 않으니까.

그래서 내 방식대로, 내가 이를 수 있는 곳 끝까지 가보기로 한다. 내가 믿는 것에 인생을 거는 것, 내가 선택한 것에 혼신의 힘을 다해 보는 것. 그것도, 참 괜찮은 인생 아닌가?

누가 뭐래도, 끝까지 믿고 응원해보기로 한다.
내가 되려는 나를.

어떻게 살아야 할까, 두 철학자는 이렇게 조언했다.

"어떤 사람에게든 조언을 구하지 말고,
어떤 사람으로부터든지 조언을 받지 말라.
모든 사람은 자신의 기질이 움직이는 바에 따라
대담하게 행동해야 한다." (마키아벨리)

"남을 따라하지 마라. 남과 비교도 하지 마라.
자신을 믿고 홀로, 천천히, 자유롭게
아무도 가지 않은 자신만의 길을 가라." (찰스 핸디)

3

내가 진짜 원하는 건 뭘까?
꿈꾸는 삶을 찾아서

Life Adventure

치앙마이에서 한 달 살기, 새로운 종족이 뜬다
한 우물을 팔 수 없는 사람들을 위한 랩소디

_ 치앙마이, 여긴 노마드 천국일세!

치앙마이. 방콕에서 720km 떨어진 이 도시의 매력은 끝도 없다. 태국에서 방콕 다음으로 크고, 문화가 발달한 도시로 이름나 있는데 무엇보다 디지털 노마드가 꼽는 살기 좋은 도시 1위다. 덕분에 매년 100만 명 이상의 여행자들이 찾고 있다.

나 역시 그 행렬에 빠질 수 없어 2017년, 노마드의 천국이라는 치앙마이에서 한 달 간 머문 적이 있었다. 시내의 깨끗하고 조용한 아파트를 구해서 지냈는데, 호텔급 시설임에도 한 달 렌트비가 39만원 정도로 저렴했다. 물가 저렴하지, 인터넷망 잘 깔려있지, 치안 좋지, 사람들 친절하지, 그러다 보니 나 같은 디지털 노마드(디지털 기기를 이용해 자유롭게 업무를 보는 사람들)들이 전 세계에서 몰려왔다.

실제로 카페에 가면, 컴퓨터를 켜놓고 작업하는 다양한 국적(으로 추정되는) 젊은이들을 많이 볼 수 있었다. 이들은 카페를 자신의 사무실처럼 활용하며 일하고 여행하며 지냈다. 나도 그들 틈에 끼여 글을 쓰고 작업을 했다. 한 달이긴 했지만 여행하면서 일도 하며 지낼 수 있다는 게 무척 고무적이었다.

한 번은 미국에서 온 친구를 만나 이야기를 나누다가, 그 친구에게 무슨 일을 하냐고 물었다. 그 친구가 답하길,
"어, 나는 컨설턴트로도 일하고, 강연도 하고, 글도 써. 라이프 코치로도 일하고 있지. 한마디로 슬래시 족이야."
"슬래시 족? 그게 뭔데?"
"응, 여러 가지 일을 동시에 하는 사람들."

_한 우물을 팔 수 없는 사람들

어렸을 때 나는 "커서 뭐가 될래?"라는 질문이 그렇게 난감할 수가 없었다. 친구들은 과학자, 의사, 선생님, 국회의원 같은 직업을 말하는데, 나는 한 번도 특정 직업이 떠오르지 않았다. 직업을 꿈으로 삼아본 일이 없었으니까. 언젠가 모 사회적 기업 대표를 인터뷰 하는데 그가 이런 말을 했다.

"전 어떤 직업을 꿈으로 꿔 본 적은 없어요. 대신 하고 싶은 일이 있었죠. 제가 하고 싶은 건, 세상을 바꾸는 일이었어요."

이 말을 듣고 무릎을 쳤다. 그래, 저거다! 저게 내가 하고 싶은 말이었어!! 흔히 꿈이나 천직이라고 하면 특정 직업을 생각한다. 하지만 관심 분야가 '하나'가 아니라면 어떻게 해야 할까? 꿈이 '직업'이 아니라면 또 어떻게 해야 할까?

_어떤 사람들에게는 하나의 천직이 없는 이유

작가이자 예술가인 에밀리 와프닉(Emilie Wapnick)이 바로 그런 사람이었다.

그녀는 다방면에 관심이 많아 좋아하는 게 생기면 바로 뛰어들어 배우고, 익숙해지면 곧 다른 관심사로 이동해갔다. 하지만 한편으론 어느 것에도 붙어있지 못하는 스스로가 불안했다. '버티면 전문가가 될 수 있는데, 내가 너무 태만한 건 아닐까? 내가 혹시 성공을 두려워하는 건 아닐까? 나에게 무슨 문제가 있는 건 아닐까?'하고.

하지만 곧 알게 된다. 문제는 자신에게 있는 것이 아니라, '하나의 천직을 찾고 거기에 매진해야 한다'는 사회적인 믿음에 있다는 걸. 그런 믿음 안에서는 다양한 취미와 관심사를 가진 사람들을 포용할 틈이 없다는 걸 말이다. 그래서 그녀는 '다능인 (MultiPotentialite, 멀티포텐셜라이트)'이라는 새로운 개념을 만들어냈다. 다능인은 한마디로 새로운 지식과 경험을 습득하길 좋아하며 도전을 즐기는 사람들이다. 이들은 통합하는 능력이 뛰어나고, 빨리 배우며 적응력이 남다르다. 이들은 특정 직업이 아니라, 자신이 하는 모든 일을 직업으로 생각한다.

_자신에게 맞는 방향으로 가기

나도 에밀리와 같은 다능인이다. 지금껏 20가지가 넘는 아르바이트를 했고, 정식직업만도 10여 개가 넘는다. 나는 인간이 왜 하나의 직업에 붙어있어야 하는지, 왜 꿈을 특정직업으로 찾아야 하는지 항상 의문이었다. 나는 내 관심분야에 따라 움직였고, 그때마다 내겐 기자, NGO활동가, 강연가, 작가, 코치, 문화기획자와 같은 타이틀이 붙었다. 직업을 결정하는 기준은 철저히 내 관심분야였고, '재미와 의미'를 만족시켜준다면 그게 내게 맞는 일이라 생각했다. 덕분에 참을성이 없다고, 한 곳에 끈덕지게 붙어있지 못한다고 핀잔 좀 받았다.

과거 르네상스만 해도 여러 분야에 능통한 것을 이상적으로 여겨, 한 명이 여러 개의 직업을 갖는 게 흔했다. 미켈란젤로는 화가에 조각가, 건축가, 시인을 겸했고 레오나르도 다빈치는 화가, 조각가, 과학자, 도시계획가, 건축가, 요리사, 해부학자, 천문학자, 수학자 등 대체 가능할까 싶을 정도로 다양한 분야를 섭렵했다. 그건 당시 사회가 다능인을 포용했고 장려했기 때문에 가능한 일이었다.

현재 사회가 전문가를 권장하지만, 전문가만큼 다능인도 중요하다. 한 분야를 깊이 아는 것도 전문가지만, 유연하게 다른 것들을 연결하고 여러 분야를 통섭하는 것도 전문가의 영역이다. 최고의 팀 중 많은 팀들이 전문가와 다능인이 짝을 지어 이뤄진다. 관건은 전문가든, 다능인이든 '자신에게 맞는 방향으로 가야 한다'는 것.

에밀리는 다능인이 가진 능력은 시야를 좁히도록 압박받으면 잃을 수 있으며, 이를 살리기 위해서는 자기 자신이 될 수 있게 장려할 수 있어야 한다고 강조한다. 어떤 이들은 하나의 길을 결정할 수 없으며 결정해서는 안 되기 때문이다.

"사회는 우리에게 전문가가 되라고 권장하지만, 자신에게 맞지 않으면 따르지 마세요. 무엇보다 자신에게 맞는 방식으로 인생과 진로를 설계해야 합니다. 여러분의 열정을 받아들이고 호기심을 따라가세요. 그 교차점을 과감히 모험하세요.
지금의 세계가 우리를 필요로 합니다."

거 참, 맘에 드는 선언이다!

라이프워크, 직업 말고 가슴 뛰는 '일'
🌱 일을 선택하는 나만의 기준

어린 시절 내 꿈은 신선이 되는 거였다. 왜 신선이었을까? 이런 풍진세상에 물들고 싶지 않아서? 도를 닦고 해탈하고 싶어서? 생각해보니, 솔직한 답은 이랬다. 신선은 일을 안하니까. ㅋㅋ 어떤 책을 보아도 신선은 일을 하지 않았다. 그래서 나는 신선이 되고 싶었다. 신선놀음이 하고 싶어서.

영국의 저명한 교육운동가인 켄 로빈슨(Ken Robinson)에 의하면 세상엔 두 부류의 사람이 있다. 첫째는 자기 일에 즐거움을 느끼지 못하면서 평생 그 일을 붙잡고 살아가는 사람. 둘째는 자기 일을 사랑해서 다른 일을 하는 건 상상도 못하는 사람. 신선놀음은 못해도 후자이길 바라며 많은 직업적 탐색을 해왔다. 좋든 싫든, 어쨌거나 우리는 인생 대부분을 일하며 보내야 하니까. 따라서 일이 내게 무엇인지 직업관만 잘 정리해도 인생이 한결 정리될 수 있다. 그런 기회를 놓칠 수야 없지!

_나만의 일을 찾아가는 기준

대학을 졸업하고, 모 NGO 단체에서 인턴 할 때였다. 한번은 아는 언니가 날 만나러 부러 찾아왔다. IT업계에서 10년을 일하고 났더니 재미가 없어서 일을 그만둔 지 2년. 여전히 자신이 무엇을 좋아하는지, 무엇을 해야 하는지 몰라서 방황하고 있다고 했다. 그래서 나를 만나고 싶다고 했다. 어떻게 저 애는 저렇게 어린 나이에 자신이 좋아하는 것을 찾아서 저토록 용기 있게 갈 수 있을까? 궁금했단다.

"내가 보기에 귀자는 충분히 안정된 직장에서 탄탄하게 살아갈 수 있는 사람인데, 이렇게 여기서 돈 한푼 받지 않고 일하면서도 너무 좋아요, 라고 말할 수 있는게 너무 신기했어."

정말 신기하다는 눈빛으로 나를 봤다. 내가 그런 걸 포기하고서 살아가는 게 너무 용하대. 그랬나? 돈 한 푼 벌지 못하지만 (한달에 7만원쯤은 번다), 그걸 포기라고 생각해본 적이 없었다. 다만 내가 좋아하는 일이어서 이곳에 있는 것이고, 내 가슴이 시키는 한 열정을 쏟아부을 생각이었다. 포기라... 하긴 포기라고 볼 수도 있다. 안정된 직장에서 월급 200만 원을 뿌리치고(?) 돈 안 되는 이곳에 있는 거니까. 사실 돈은 없으면 안 쓰면 된다. 버스, 택시 타는 대신 자전거를 타고 다니고, 사 먹는 대신 도시락을 싸서 다니면 된다. 하지만 내겐 누가 때려죽여도 이건 아니에요! 울부짖으면서라도 말할 수 있는 게 있었다. 그게 바로 재미와 의미였다.

많은 친구들이 직업을 구할 때 계산을 했다. 여긴 연봉이 얼마고, 휴가는 얼마주고, 일은 조금밖에 안하는데 돈은 많이 주네? 안정된 곳이네? 그러다 보니 금융쪽, 공무원 쪽이 폭발적인 인기를 끌었다. 하지만 내 생각은 달랐다. 20대엔 아직 돈은 중요치 않다. 안정이란 가치도 아직 이르다. 내게 중요한 가치를 발견해야 한다. 말하자면 직업을 택하는 나의 핵심 가치관인데, 그게 내겐 '재미'였고 '의미'였다.

내게는 일을 선택하는 데 크게 3가지 기준이 있다.

첫째, 그 일 자체가 나에게 의미가 있어야 한다.
    (성장할 수 있어야 하고 보람 있어야 한다)
둘째, 재미있어야 한다.
    (새롭게 도전하고, 배우고, 교감하는 경험이 있어야 한다)
셋째, 내가 잘하는 일이어야 한다.
    (내가 가진 기질과 재능을 긍정적으로 잘 활용할 수 있어야 한다)

위 가이드라인을 바탕으로 다양한 일을 해왔다. 하는 일들을 좋아하긴 하지만 그게 내 천직이라고는 생각하지 않았다. 솔직히 말하면, 천직을 찾는다는 그런 직업관이 꼭 있어야 하나, 늘 의문이었다. 직업은 내가 하는 선택 중 하나일 뿐이고, 그 선택이 꼭 하나여야 한다는 법은 없으니까.

_하고 싶다고 그 일이 업이 될 수 있을까?

스무 살 무렵, 앞으로 뭐 하고 살까? 진로 모색이 한창일 때, 내 스승은 이런 말을 해주었다.

"평생 여행할 계획이라면, 배낭에 무엇을 가져갈 것인가?
이걸 생각해보면 훌륭한 직업적 모색이 될 수 있지."

그때 별생각 없이 "수첩과 볼펜을 가져가야죠."라고 답했다. 그런데 그게 내 일과 연관될 줄은 그땐 미처 몰랐다. 나중에 돌아보니, 국문학과 신문방송학을 전공하고, 기자를 하고, 홍보 일을 하고, 작가를 하고…. 내가 한 모든 일이 '글'을 쓰는 것과 직간접적으로 연관이 되었다는 걸 발견했다. 놀라워라~

일본의 유명 저널리스트인 다치바나 다카시는 청춘을 '수수께끼의 공백시대'라고 표현한다. 앞으로 어떻게 될지 모르는 시간이란 의미다. 20대 때 내 일을 찾아 이것저것 해보면서 경험한 것들은, 훗날 내게 좋은 직업적인 기회를 선사했다.

- 책을 좋아하고 기록하고, 사람들과 소통하는 습관은 훗날 기자, 작가, 강연가, 홍보 컨설턴트로 나를 이끌었고,
- 뭔가를 계획하고 실행하기를 좋아하는 습성은 기획자, 컨설턴트의 일로 이끌었다.
- 또 사람들의 재능을 알아보고 팀빌딩하고, 주도적으로 활동하는 특성은 훗날 리더, 등반대장, 코치로 활동하는 데 도움을

주었고,

- 배우고, 성장하고, 변화에 대한 열정은 연구원, 교육컨설턴트, 교육기획 일로 나를 이끌었다.

오랜 기간에 걸쳐 '나만의 일'을 찾아가면서 내가 많이 했던 질문이자, 많이 받은 질문이 있다.

"내 꿈을 추구하면서 경제적 독립을 이룬다는 게 가능하기는 할까?"

그때 여러 대답을 들었는데, 이 대답이 가장 기억에 남는다.

"꿈과 경제적 독립이 함께 가기 어렵다는 그 생각이야말로 자신이 쳐놓은 장애물 아닐까요? 돈, 안정성을 생각한다면 다른 길을 가기 힘들죠. 무엇을 시작하든 '자기 자신이 만들어 가는 것'이란 걸 기억하세요."

나도 같은 생각이다.

_직업 대신 라이프워크, 어때?

얼마 전 '직업'이라는, 듣기만 해도 맥빠지는 용어를 대체할 멋진 말을 찾아냈다. 바로 '라이프워크'. 이 개념은 다카시 아유무라는 아주 멋진 녀석이 쓴 ≪러브 앤 프리≫책에 나온다.

라이프 워크 Life work : 자신의 일생을 걸고 쫓는 테마. 좋아하는 방식으로, 좋아하는 페이스로, 좋아하는 것을 자기 나름대로 찾아가는 작업. 애완동물 연구부터 우주의 신비, 사주팔자까지, 테마는 무궁무진.

나는 '라이프워크'를 이렇게도 표현한다. 내가 살아있다고 느끼게 하는 '무엇'이다, 라고.

한 번은 인사동을 지나다, 어느 풍물패의 공연을 보았다. 한여름의 가장 더운 시간대였고, 보는 사람도 땀이 삐질삐질, 하는 사람은 더 삐질삐질, 그런데 그들의 표정을 보고 그냥 지나칠 수 없었다. 그들의 얼굴이 말하고 있었다. '나 지금 신나 죽겠어요.' 그들의 손은 절로 장구를 쳤고, 머리는 저절로 상모를 돌렸다. 마치 그들이 장구가 되고, 꽹과리가 된 듯했다. 나를 잊고 대상과 혼연일체가 되는 것, 이를 두고 쿵푸에선 마스터라고 했던가? 그를 보고 빠져든 건 나만이 아니었다. 두 겹 세 겹 둘러싼 사람들 모두가 넋을 잃고 그들의 연주에 빠져있었다. 그때, 마음 먹었다.

'앞으로 뭘 하든, 저들처럼 대상과 하나가 되는 무언가를 하자.'

그 무언가를 하다 보면 내 심장은 펄떡거리며 뇌로 신호를 보낼 것이고, 전뇌는 이렇게 해석할 것이다.

"아, 내가 살아있구나."

인생을 걸고 좇는 나의 라이프워크는, 라이프아티스트(Life Artist)가 되는 것이다. 이는 내 삶을 하나의 예술작품으로 만드는 일이다. 더 이상 직업에 얽매이고 싶지 않다. 어떤 직업도 나의 꿈이 아니기에. 그냥 내 삶 자체가 나의 직업이 되고 역사가 되고 예술작품이 되는, 라이프아티스트로 살고 싶다. 그 뜻을 받들어, 출판사 〈라이프 아티스트〉를 열었다. 아직 구체적인 출간계획은 없지만, 내 책이 첫 번째 출판물이 될 공산이 크다. 더불어 다른 콘텐츠 기획과 몇가지 재밌는 일도 구상 중이다.

나는 믿는다.
다양한 답이 존재할수록 그 사회는 더 살만해진다고.

사람의 마음을 움직이는 비결
 일의 가치를 더해주는 건 결국 태도

_누구와도 다르다! 끝내주는 로컬밴드 투쿠리두

이 끝내주는 친구들을 보게 된 건, 정말이지 우연이었다. 태국 치앙마이에 한 달 간 머물 때였다. 친구와 저녁약속이 어긋난 바람에 하릴없이 거리를 걷다, 타패게이트쪽으로 가게 되었다. (*타패게이트Thapae gate는 치앙마이 4대 성문 중 동문에 해당하는 곳으로, 가장 핫한 장소 중 하나다.) 마침, 그곳에서 한 밴드가 연주를 하고 있었다. 그런데 악기 구성이 여타 밴드와는 조금 달랐다. 젬베(아프리카 타악기), 기타, 드럼, 그리고 사람키만큼 긴 막대모양의 독특한 악기- 디지리두(Digeridoo)가 있었다!

디지리두는 호주원주민의 전통악기로, 유칼립투스 나무의 속을 파낸 뒤 그를 통째 악기로 사용한다. 악기 자체도 2m 정도로 긴데다, 그 긴 관을 진동시켜야 해서 소리 내기도 힘들고 괜찮은 연주를 하기란 더욱 어렵다. 그런데 이 친구들은 정말 잘했다. 디지리두의 고향인 호주에서도 여러 연주를 들었는데, 그와 비교해도 나았으면 나았지 결코 뒤지지 않았다. 그만큼 실력이 있었다.

그런데 악기만 독특한 게 아니라, 이들 밴드 구성원들은 더 특이했다! 6명의 연주자들이 하나같이 레게머리에 맨발 차림으이었다. 기타치는 사람은 더 독특했는데, 1m나 될까 싶은 작은 키였는데 머리카락은 조선시대 중전마마 가채처럼 50cm는 더 넘게 높이높이 쌓아올렸다.

음악도 독특했다. 록도, 팝도, 클래식도 아닌 뽕짝기가 살짝 가미된 음이었는데, 그런 연주는 생전 들어본 적이 없었다. 그런데 희한하게도 이들의 연주가 내 마음을 끌었다. 디지리두에서 흘러나오는 뱃고동 같은 음에 내 온몸이 흔들렸고, 매곡마다 혼신의 힘을 다해 연주하는 그들의 에너지에 온마음이 흔들렸다.

그 날 이후, 나는 밤마다 그들의 음악을 듣기 위해 밤 거리를 헤맸다. 잠이 많아서 해지면 나가지 않는데도, 매번 30분이나 걸어 그들의 음악을 듣고 자정이 다 돼 숙소로 돌아오곤 했다. 지금껏 수 많은 연주를 들었지만, 그들의 연주만큼 가슴을 파고 드는 건 많지 않았다. 왜 그들에게 이토록 끌릴까, 생각하다 예전에 책에서 본 이론 하나가 떠올랐다.
바로 골든서클이라는 개념이었다.

_사람의 마음을 움직이는 비밀

'골든서클'은 What – How – Why로 연결되는 일련의 논리흐름으로, 여기엔 사람들의 마음을 움직이는 비밀이 숨겨져 있다. 'What'은 만드는 제품, 물건, 결과물이고, 'How'는 그를 만들어내게 된 과정, 'Why'는 what을 만들어내게 된 근본적인 이유, 목적, 신념을 말한다.

골든서클의 요지는 '무엇을 하느냐'는 생각만큼 그리 중요하지 않으며, 언제나 사람들의 마음을 움직이는 건 '왜 하느냐'라는 것이다. 경영 컨설턴트인 사이먼 시넥(Simon Sinek)은 말한다.

"사람들은 당신이 하는 '일'을 사지 않아요. 대신 당신이 그걸 왜 하는지 '신념'을 삽니다. 그것이 그들에게 영감을 주고 따르고 싶게 만들기 때문이죠."

'왜'는 태도, 신념, 마음가짐으로 보여지기 때문에 설명하지 않아도 사람들이 귀신같이 느낀다. 열정, 재미, 사랑, 행복… 사람들이 좋아하는 이런 요소가 바로 '왜'에서 흘러나온다. 사람들이 미치는 지점이 바로 여기다. '왜'가 확실하면, 사람들은 그에 빨려들어간다. 사람들이 아이폰에 열광하고, 나이키에 열광하는 것도 같은 이유고, 내가 이들 밴드의 연주를 좋아했던 것도 같은 이유였다. 밴드가 '무슨 음악'을 연주 하는지는 그다지 중요하지 않았다. 그들에겐 '왜 연주하는지'가 있었다. 물론 누구도 그를 말로 설명하진 않았지만, 나는 그들의 연주에서 그걸 느꼈다.

_'무엇'을 하느냐보다 '왜'하느냐가 더 중요하다

이처럼 사람의 마음을 움직이고, 에너지를 공명하게 하게 만드는 건 언제나 '왜'에 있다. 내가 하고 있는 이 일이 가치 있는가 없는가를 따지는 건 '하수'이며, 진짜 '고수'는 어떤 일을 하든 그 일을 최고로 만들어버린다. 왜가 확실하면 똑같은 일을 해도 태도가 달라지기 때문이다.

이 밴드를 만나고부터, 나는 나에게 이런 질문을 수시로 던지게 되었다.

   나는 이 일을 '어떤 마음'으로 하고 있고,
     '왜' 하고 있을까?

질투심에 담긴 속마음

🌿 내가 되고 싶고, 살고 싶은 삶은?

"행복해지려면, 열정을 좇으세요."
"심장이 뛰는 곳을 따라가세요."
"사랑하는 일을 하세요."

좋아하는 일을 찾으라고 하면, 꼭 나오는 조언들이다. 그런데 열정도 없고, 내 심장이 과연 뛰고 있는지도 모를 땐, 그야말로 씨알도 안 먹힐 소리. 그래서 오랫동안 고민해왔다. 내가 원하는 삶을 찾는데, 심장 박동이나 열정 말고도 좋은 힌트는 없을까?

그러면서 알게 된 방법 하나가 있다. 다른 감정보다 훨씬 더 자주 느끼고, 본능처럼 주체할 수 없이 올라오는 감정, 바로 '질투심'이다. 부러워 죽겠는 사람들, 너무 질투 나는 사람들. 그 '질투'에 내 삶의 힌트가 있다면 믿으시겠는가?

고대 그리스인들은 어떤 감정이든 본래 선하거나 악하다고 생각하지 않았다. 어떤 감정이 올라오는 건 분명히 어떤 욕구가 있기 때문이라고 생각해서다. 그중에서도 '질투'는 내 안에 어떤 욕구가 있는지, 어디로 가고 싶은지를 보여주는 좋은 이정표다. 아직 안 믿긴다면 좀 더 들어가 보자.

_질투라는 놈의 실상

질투는 연인 사이만이 아니라, 형제지간, 동료, 선망하는 사람, 부동산, 돈, 외모 등 수없이 다양한 곳에서 분출된다. 하루에도 수 십 번 느낄 수 있다. 그렇다면 먼저 '질투'라는 감정이 어떻게 생겨나는지 살펴보자.

질투는 기본적으로 내가 하고 싶거나 가지고 싶지만, 그렇지 못할 때 생겨나는 감정이다. 나도 하고 싶지만 행동으로 옮길 용기가 없는 어떤 것에 대한 두려움, 가지고 싶은데 가질 수 없었던 것을 누군가 가질 때의 분노(혹은 열등감), 하고 싶은데 미처 하지 못한 것을 다른 사람이 버젓이 해버렸을 때 느끼는 좌절감 등이 질투라는 가면을 쓰고 나타난다. 이렇듯 복잡한 감정들이 얽히고설킨 것이 질투란 놈의 실상이다.

이런 질투심을 두고, 고대 조상들은 '일곱 가지 죄악 중 하나'라고 하여 매우 금기시하였다. 하지만 ≪아티스트웨이≫를 쓴 줄리아 카메론은 "질투는 지도"라고 말한다. 질투를 잘 들여다보면, 그 사람에 대한 정보가 잘 드러난다는 것이다.

다시 말해, 질투심에는 내가 하고 싶은 것, 원하는 것, 가지고 싶은 것, 이루고 싶은 것, 되고 싶은 것이 모두 뒤엉켜 있다. 따라서 이 질투심을 따라가면, 내가 뭘 원하는지, 어떻게 살고 싶은지, 어디로 가고 싶어하는지를 알 수 있다. 게다가 질투는 아무에게나 아무 때나 일어나지 않는다. 사람마다 질투를 느끼는 '특정 대상'과 '분야'가 다르다. 그렇기 때문에 무엇에 내가 질투하는지를 잘 들여다보면, 이제껏 보지 못한 나에 대한 비밀들을 발견할 수 있다.

_내 질투가 향한 곳은?

나는 오래전부터, 자기 이야기를 써서 책을 낸 사람들을 볼 때마다 엄청난 질투심이 일었다. 너무 질투가 난 나머지, 배가 아플 지경이었다. 누군가가 책을 냈다고 하면, '내가 더 잘할 수 있는데. 내가 쓰면 더 잘 쓸 수 있었을 텐데. 저건 내가 해야 했는데...' 하는 생각에 배알이 뒤틀렸다. 몇 년 전, 대학교 친구를 만났는데, 뜬금없이 내게 요즘 책 쓰냐고, 물어왔다.

"아니, 왜?"
"너, 항상 그런 말 했다. '난 책을 꼭 쓸 거야. 내 꿈은 책 쓰는 거야.'라고. 나 아직도 기억나. 그때 벤치에 앉아서 니가 한 말."

주변 친구들에게 항상 '나는 책을 쓸 거야. 내 꿈이거든.'라는 말을 하고 다녔단다. 몰랐다. 내가 그런 말 하고 다녔는지. 생각해보니, 중학교 때부터 하고 싶은 것들을 적어두는 〈욕망리스트〉를 매년 적어왔는데, 한 해도 거르지 않고 나왔던 게 바로 '책 쓰기'였다. 그때 알았다. 내 안에 글쓰기에 대한 갈망이 엄청나게 많다는 걸. 결국 그 불타는 질투에 힘입어 야금야금 글을 쓰게 되었고, 그 글들은 좋은 기회를 만나 지금껏 3권의 책으로 만들어졌다.

_ 질투의 재발견

인간을 '자동차'로 비유하면, 감정은 '계기판'이다. 자동차의 계기판이 자동차의 내부사정을 알려주듯, 감정은 우리 안에서 어떤 일들이 벌어지고 있는지를 알려준다. 질투, 분노, 기쁨, 슬픔 등의 감정은 지금 내 안에서 어떤 일이 있는지를 일일이 고해바치는 신호다. 따라서 감정을 억누르거나 모른 척 하기보단 그를 세밀히 살펴볼 필요가 있다.

질투심을 잘 보면 내가 뭘 원하는지를 넘어, 내가 어떻게 살고 싶은지도 알 수 있다. 내게는 인간적으로 질투심을 유발하는 종족들이 있다. 돈 많고, 직업 좋고, 커리어 우먼, 뭐 이런건 전혀 부럽지 않았다. 내가 제일 부러운 사람은, 너무 질투나서 밤잠 설치고 속이 꼬일 정도로 부러운 사람은 바로 이런 사람이었다.

'제멋대로 사는 사람'

사회 기준에 과감히 벗어나 남 눈치 보지 않고, 자신이 살고 싶은 대로 사는 사람들. 이 사람들은 생겨 먹은 그대로 살아간다. 그리고 누가 뭐라 하든 간, 내가 그렇게 하면 좋으니까 행복하니까 그렇게 산다. 끝! 이런 사람들에겐 '멋'이 있었고, 그게 날 미치게 했다. 나 역시 그렇게 과감하게 살고 싶지만, 현실은 그렇지 않기 때문이다. 여전히 사회적 기준에 매여, 좋은 사람이 되려고 남들의 기대에 부응하려고 애쓰기 때문이다.

나를 미치게 하는 사람들, 부러운 사람들, 질투 나서 속이 꼬일 정도로 부러운 사람들은 누구인가? 지금 그들의 모습에 내가 살고 싶은 혹은 되고 싶은 모습이 숨겨져 있지는 않은가? 질투가 내게 알려주고자 하는 건 무엇인가?

두 눈 뜨고 잘 살펴볼 일이다.

"가장 현명한 사람은 자신만의 방향을 따른다."

-에우리피데스, 고대 그리스 작가

야매인생, 한번쯤 마음대로 살아보고 싶다면
🌿 내 안의 금지된 선을 넘어보기

나는 '야매'에 특별한 애정이 있다. 야매는 '야미'라는 일본어에서 유래된 말이라고 하는데, 정상적 또는 합법적이지 않은 경로나 방식으로 행해지는 일을 가리킨다. 즉 뭔가를 '체계적'으로 배워서 하기보다, '자신만의' 방식으로 배워 행하는 정신이, 곧 야매 정신이다.

나는 머리부터 발끝까지 이런 정신에 흠뻑 적혀진 인간이라, 무엇을 하든 다른 방식은 없을까? 자주 묻는다. 같은 일을 하더라도 다른 방법이 있는지 찾아본다. 예를 들어, 영어를 배우고 싶으면 남들 다 가는 학원 대신 현지로 여행을 간다. 현지에서 생활하고 직접 부딪히며 현지인들이 어떻게 말하는지 배우고 실제 써본다. 시간은 많이 걸리지만, 몸으로 경험하면서 배운 것들은 절대 잊어버리지 않는다. 덕분에 문법 지식은 개뿔 없는데, 회화에 강하다.

고로 나는 정통보다는 야매로 뭔가에 통달한 인간들에게 깊은 친밀감을 느낀다. 야매 족들은 맞든 맞지 않든 기존의 방식은 됐고, 자신만의 방식으로 일을 처리하는 종족들이다.

_야.매.인.생을 보여주마

살면서 야매 족들을 많이 만났는데, 남미에서 만난 세스(Seth)만큼 나의 질투심을 자극한 사람은 없었다. 다만 이 친구에 대해서 이야기하는 건 조심스러운 부분이 있는데, 왜 그런지는 곧 알게 될 것이다.

세스를 만난 건 부에노스아이레스의 여행자 숙소에서였다. 당시 나는 세계여행 중이었고 경비를 아끼느라, 숙소에서 단기 알바를 하고 있었다. 나의 임무는 오전 7시부터 11시까지 아침 식사를 준비하는 것. 4시간 일한 대가로 더블룸에 공짜로 머물 수 있었다. 스텝으로 일하면서 숙소의 현지인 스텝들과 전 세계 여행자들을 두루 만나고 이야기할 기회가 많았다.

세스의 첫인상은 평범했다. 곱상한 얼굴에 말끔한 차림으로, 별반 특이할 게 없는 20대 청년이었다. 그럼에도 눈에 들어왔던 건 그의 묘한 분위기 때문이었다. 숙소에는 식사, 맥주를 마시며 어울릴 수 있는 큰 라운지가 있었는데, 여행자들은 틈만 나면 그곳에 모여 서로 인사를 나누고 어울렸다. 희한하게도 세스가 있으면 그의 주변으로 자연스레 사람들이 삼삼오

오 모여들었다. 왜 그런 친구들 있잖은가. 별로 하는 건 없는 것 같은데도 늘 대화의 중심이 되는 친구들. 무슨 이야기를 해도 다 들어줄 것 같고, 어떤 주제로도 대화가 가능한 친구. 세스는 누구와 있어도, 무슨 이야기를 해도 위화감 없이 편안해 보였다. 자신은 물론 남에게도 아무런 경계가 없어 보이는 태도가 참 인상적이었다.

한번은 그와 맥주를 마시며 이야기할 기회가 있었다. 자연스레 각자 살아온 인생이야기며 여행담을 나누게 되었다. 그런데 세스는 말끝마다 "내가 중국에서 살 때는…" "내가 스페인에서 있었을 때는…" "내가 태국에서 있었을 때는…"라고 토를 달았다. 못 해도 최소 6년은 여행한 것처럼 보였다. '뭐야 26살이라고 했는데, 어떻게 그렇게 여행을 많이 했지? 대체 정체가 뭐야?' 궁금증이 폭발한 나는 꼬치꼬치 캐묻기 시작했다. 세스는 조금 난처해하더니, 놀라지 말라며 자기 이야기를 털어놓았다.

"학교가 별반 재미없어서 중퇴한 게 15살. 친구의 도움을 받아 가짜로 고교 졸업장을 만들었지. 그걸로 대학에 들어갔는데 재미가 없더라고. 친구와 약을 팔기 시작했어. 돈이 꽤 많이 모였고, 그때부터 여행을 다니기 시작했지. 대학은 그만뒀어. 중국에서 2년, 태국에서 2년을 지내다가, 지금은 스페인에서 4년째 살고 있어."

그는 무척 담담하게 자기 이야기를 들려줬는데, 정작 나는 벌린 입을 다물지 못했다. 그러니까, 이 친구는 지금 내가, 아니 대부분이 금기라고 알고 있던 모든 것들을 뛰어넘었다고, 고백한 것이다. 고교 중퇴, 가짜 졸업장으로 대학입학, 약 판 돈으로 온갖 여행을 해온⋯ 어디 막장 삼류 인생으로 영화에 나올 법한 인물의 이야기인데⋯ 더 충격인 건, 그런 인물이 아무 탈 없이, 별일 없이 너무 잘살고 있다는 거였다. '야매인생'이라 해도 좋을 만큼 온갖 선을 넘나들며 살아온 그의 일과는 대충 이러했다.

"아침에 일어나 새벽바람을 맞으며 자전거를 한두 시간 타. 그런 다음 텃밭에서 싱싱한 채소를 뽑아 큰 컵으로 건강 주스 한잔 가득 만들어 쭈욱 들이키지. 그리고 컴퓨터를 켜고, 종자 사업을 체크해. 저녁엔 친구와 운영하는 클럽을 들려서 일하지. 너 그거 알아? 불황에도 종자 사업은 꽤 잘돼."

그는 사업이 잘돼서 여윳돈으로 아파트를 한 채 더 살까 알아보는 중이었다. 거창한 계획이나 꿈 없이 재밌게 살고 싶은 생각이 가득한 세스 때문에 그날 밤, 나는 잠을 이루지 못했다. 알 수 없는 분노가 치솟았다.

'나는 세상이 그어놓은 금을 밟지 않으려고 그렇게 애쓰고 단속하며 살아왔는데, 그러느라 제대로 미쳐보지도 못했는데⋯ 제기랄! 어떻게 그럴 수가 있는 거지? 어떻게 그렇게 아무렇

지도 않게 그 모든 걸 해버릴 수 있는 거지?'

가슴이 터질 것 같았다. 가짜 졸업장, 약 판매에 대한 도덕적 판단은 잠시 접어 두고, 세상이 규정해놓은 것들을 아무렇지 않게 비껴간 그의 대범함. 거기에 한없이 질투가 일었다.

'아니, 어떻게 다른 사람들의 시선은 신경 쓰지 않는 거야? 남들이 뭐라 하는지, 그런 건 중요하지 않다는 거야?'

_선을 넘는 자들

어릴 때부터 지금까지 죽, 나를 사로잡은 이들은 바로, '선을 넘나드는 이들'이었다. 기존의 질서를 아무렇지 않게 넘어버리는 혹은 깨트려버리는 이들은 내 카타르시스의 원초였다. 셜록 홈즈와 두뇌 싸움을 벌이던 프랑스의 '괴도 루팡', 사람들의 심리를 이용해 대동강물까지 팔아먹은 '봉이 김선달', 장원급제에도 방랑의 길을 택해 전국을 떠돌며 글로 사람들을 울고 웃기던 '김삿갓'까지. 비도덕적이라고 욕을 먹기도 했지만, 난 그냥 좋았다. 기존의 틀을 가볍게 넘나들 수 있다는 것만으로도, 사람들의 통념을 와삭, 깨트려버린다는 점에서 마냥 사랑스러웠다.

거기에 시간이 지나며 실험적인 도전을 하는 뮤지션이 추가됐고 열정적으로 삶을 만들어간 여행가, 자신만의 브랜드를 만들어낸 사람들이 가세했다. 이들은 음악으로, 여행으로, 글로, 다양한 프로젝트로 스스로를 표현했다. 그들을 보며 나도 그렇게 남들의 틀에 얽매이지 말고 나를 자유롭게 표현하며 살고 싶다고 생각했다.

_ 내 안의 야성을 찾아서

세스를 만난 이후, 그동안 눈치 보느라 뻔뻔하지 못했던 마음을 풀어놓고, 억눌러왔던 내 안의 야성을 풀어헤쳐 놓고 싶어졌다. 그래서 가장 먼저 내 인생의 금기들을 적어보기 시작했다. 착한 척, 괜찮은 척 하느라 해보지 못했던 것들, 살아보지 못했던 것들이다.

싸가지 없이 대꾸하기
사람들 앞에서 섹시댄스 추기
대놓고 욕하기
대놓고 욕먹기
썩소 날리며 크게 비웃어주기
나이트클럽 가서 미친 듯 놀아보기
'마음에 안 든다'고 솔직히 말하기
세계 일주하기
앞에 쌓인 과자 먹지 않기
배고픔을 참고 1분 더 기다려줘 보기
밉다, 짜증 난다, 싫다고 말하기

'난 다르다'고 당당하게 말하기
힘들다고, 외롭다고, 보고 싶다고 말하기
'하고 싶지 않아' 말하기
남기대 저버리기
돈 걱정 안 하고 마음에 드는 것 사기
출근길에 1시간 일찍 집을 나와 딴 길로 빠져 여행하기
가슴 푹 파인 드레스 입고 프로필 촬영하기
지금 막, 갑자기 떠오른 곳으로 무작정 야반도주하기
유혹해보기
죄책감 없이 빈둥대기
내가 원하는 것을 정확히 요구하기
시간, 돈 낭비하기
기분 상했다고 솔직히 말하기
망가지기
아무것도 없지만 '할 수 있다'고 말하기
아무것도 없지만 나를 믿고 가기
과감히 속마음 들키기

이를 적어두고 몇 년 뒤 보니 이 중에서 대부분을 했더라고. 극작가였던 조지 버나드쇼는 죽기 전, 이런 말을 남겼다.

"내가 다시 산다면, 될 수도 있었으나
한 번도 되어보지 못한 사람으로 살고 싶다."

가끔 이런 생각을 해본다.

'만약 내 모든 기억이 지워지고, 모든 미래계획이 사라진다면 오늘 난 뭘 하게 될까? 나를 묶어두는 모든 타이틀이 사라진다면 나는 어떤 인간으로 하루를 살아갈까?'

때론 내가 살지 않은 삶을 살아보고 싶다.
그를 위해 가끔 벼락같은 기회를 내게 선물하고 싶다,
내 안의 야성이 기지개 좀 켤 수 있게.

하고 싶은 대로 살면 정말 행복할까?
🍃 꿈꾸는 삶에도 대가가 필요하다

하고 싶은 대로 다 하고 살면, 정말 행복할까?

사람들에게 물어보면 반응이 엇갈린다.
"글쎄요. 행복하지만은 않을 거 같은데….'
"네, 행복할 거 같아요."

당신은 어느 쪽인가? 나는 언제나 후자였다. 하고 싶은 대로 하고 살면 행복해질 거라고 굳게 믿었다. 내겐 이런 가설이 있었다. 하고 싶은 대로 다 하고 살면 → 내가 누구인지 더 잘 알게 되고 → 그러면 내가 무엇을 하며 살 것인지도 직업도 명확해지고 → 사는 이유도 분명해지니 의미도 생기고 → 그러면 행복해질 것이다. 그래서 하고 싶은 건, 참지 않고 다 했다.

무작정 호주로 떠나 연고도 없는 곳에서 1년 동안 살아보기도 하고, 지리산에 들어가 한 달 동안 단식도 하고, 히말라야도 오르고, 서울에서 부산까지 무전여행도 해보고, 다양한 직종에서 일도 해보았다. 문득 세계가 보고 싶어져서 전 재산 들고 세계여행도 했다. 덕분에 최대한의 자유를 누렸다.

마침내 16개월이 넘게 5개 대륙을 돌아다니며 세계여행까지 하고 나자, 내 버킷리스트가 완성되었다는 느낌이 들었다. 더 이상 하고 싶은 것도 없고, 이제 죽어도 여한이 없겠단 생각마저 들었다. 마침내 욕망의 끝까지 왔구나, 감격스러웠다.

_욕망의 끝을 가다

내 가설대로라면, 이쯤에서 나는 속세를 초월하고 득도해야 마땅했다. 어떻게 살아야 하는지 인생이 명료해져야 했다. 그런데 고생고생하며 찾아간 욕망의 끝에서 발견한 건, 어이없게도 황무지였다. 거기엔 아~~무것도 없었다. 인생은 여전히 불확실했고, 나도 개뿔 달라지지 않았고, 행복은 먼 나라 이야기였다.

무척 당황했다. 여러 가지 활동을 하고 다양한 경험을 쌓으면, 세상이 내게 답을 알려줄 줄 알았는데 그게 아니었다. 그제야 내가 처한 현실이 눈에 들어왔다. 친구들은 직장에서 연차가 쌓여 인정받고 있었고, 결혼해서 자기만의 안정된 기반을 마련해가고 있었다. 나를 돌아봤다. 그간 엄청난 자유는 누렸지만 남은 거라곤 변변찮은 커리어에, 불안정한 생활기반, 0원이 찍힌 통장 잔고, 그리고 아무짝에도 쓸모없는 '자유로운 영혼'이라는 타이틀 하나. 정말 최악이었다. 친구들과 비교하니, 아무것도 이루지 못한 내가 너무 초라해 보였다.

'그때 회사를 그만두지 않았더라면….'
'그때 남자친구에게 헤어지자고 하지 않았다면….'
'그때 내가 다치지 않았더라면….'
'그때 여행을 가지 않았더라면….'

쓸데없이 시간을 낭비한 건 아닐까, 땅을 치고 가슴을 치며 후회했다. 대체 어디서부터 잘못된 걸까? 사람들 말처럼, 나는 그저 몽상가에 불과했던 걸까? 여태껏 해온 모든 선택들에 지독한 회의가 들었다. 더 이상 뭘 해야 할지, 어디로 가야 할지 알 수 없었다. 앞이 꽉 막힌 것 같았다. 아무것도 하고 싶지 않은 무력한 상태로 하루하루를 보냈다. 매일같이 '죽고 싶다'는 생각을 하며 1년 반을 지냈다. 지독한 우울이었다.

_완벽한 선택이란 없습니다

어느 날이었다. 그날도 분노와 후회에 휩싸인 채 팟캐스트를 듣는데, 나와 비슷한 처지의 청년이 상담 요청하는 걸 듣게 되었다. 사연은 이랬다. 지금 20대 후반인데 그동안 여러 가지 일을 해 왔지만 이룬 게 없어서 자신이 한 선택들이 너무 후회된다고 했다. 더 이상 어떻게 해야 좋을지 모르겠다며, 조언을 구했다. 귀가 절로 쫑긋 세워졌다. 그때 상담가로 나온 사람이 이런 말을 해주었다.

"어차피 완벽한 선택이란 건 없어요. 그 선택을 완벽하게 만들어가는 노력이 있을 뿐이죠. 내가 했던 선택에 후회가 되나요? 그건, 그 선택을 최고로 만든 경험이 아직 없기 때문이에요. 내가 한 선택을 최고로 만드는 경험을 딱 하나만, 만들어 보세요."

그 말을 듣고, 뭔가 안에서 '꽝' 했다. 그 동안 나는 내 선택이 잘된 건가 아닌가만 쟀지, 다른 생각은 해보지 못했다. 다시 생각해보니, 과거로 다시 돌아간다고 해도 다른 선택을 했을 것 같지가 않았다. 그 순간이 오면 나는 또 회사를 그만두고, 또 세계 여행을 떠날 것 같았다. 왜? 그냥 내가 그렇게 생겨먹은 인간이니까!

그러니까, 어차피 최고의 선택은 없다면, 그리고 내가 한 선택을 바꿀 생각이 없다면, 지금 내게 필요한 건 한 가지였다.

내가 한 선택을 최고로 만드는 것.

그날, 밤새도록 골똘히 생각했다. 지나온 시간을 후회하는 대신 남들을 부러워하는 대신, 내가 쌓아온 시간을 100% 살릴 수 있는 선택이 있다면 그게 뭘까? 지금까지의 경험들 가지고 내가 할 수 있는 건 뭘까?

_가장 절망적인 상태에서 글을 쓰다

지금까지 수첩, 노트북, 핸드폰 등에 기록해온 나의 경험을 돌아보며, 생각에 깊이 잠겼다. 언젠가 소용이 될 거라는 생각으로 열심히 써온 기록은, 언제 어디에서 일어난 일인지 분까지 적어둘 정도로 상세했다. 그래, 이걸 가지고, 글을 한번 써보면 어떨까? 세계 여행했던, 그 이야기부터!

거기에 생각이 미치자, 당장 행동으로 옮겼다. 글쓰기 플랫폼인 '브런치'에다 매거진(*비슷한 주제로 작성한 글을 모아둔 공간)을 열고 그간의 여행기록을 바탕으로 글을 쓰기 시작했다. 절망적인 상태에서 시작한 내 매거진의 이름은, 이랬다.

〈니 뜻대로 하세요〉

글이란 게, 참 신기했다. 그저 써 내려갈 뿐인데 한 편의 글이 완성되고 나면, 내가 한 경험들이 생명력을 얻고 살아 움직였다. 그냥 경험이 아니라, 뭔가의 의미를 가진 경험이 되어 다시 내게 꽂혔다. 그때마다 엄청난 희열을 느꼈다. 온 세상을 가진 느낌! 100명이 나를 둘러싸고 2박 3일 동안 입이 마르도록 칭찬을 해준다고 해도 미치지 못할, 그런 만족감이었다.

그 느낌이 좋아서 나는 계속 썼다. 더 이상 아무것도 할 수 없다는 좌절감은 유머로, 결기로, 때론 신나는 모험으로 흘러나왔다. 사람들은 내 글에 위안을 받았다고 했고, 재미있다고 했다. 급기야 그 글들은 책으로 엮어져 ≪완벽이란 놈에 발목 잡혀 한 걸음도 못 나갈 때≫ 의 타이틀을 달고 세상에 나왔다

_경험 자체는 답을 주지 않는다

내 이야기를 글로 쓰면서 알게 된 게 있다. 내가 경험을 활용해 스스로 답을 만들지 않으면 누구도 답을 주지 않는다는 것. 예전엔 다양한 경험을 쌓으면 세상이 저절로 내게 '어떻게 살라'고 답을 알려줄 줄 알았지만, 그게 아니었다. 내가 경험한 것을 바탕으로 세상에 나의 답을 내보여야 했다.

이런 경험 덕분에 나는 누굴 만나든 '자신의 이야기를 써보라'고 자주 권한다. 글을 잘 쓰든, 못 쓰든 상관없다. 내 경험을 내 말로 표현하는 것 자체가 매우 중요하다. 자신의 말로 자신의 인생에 스스로 의미를 부여할 수 있다면, 인생을 바꿀 힘도 얻게 된다. 글을 쓰면서 나는 깊은 우울에서 완전히 벗어나게 되었고, 또 내가 왜 우울했는지도 이해하게 되었다.

_꿈꾸는 삶에도 대가가 필요하다

나는 자유가 공짜라고 생각했다. 그래서 하고 싶은 대로 다 하

고 살면서 무제한에 가까운 자유를 누렸다. 이 좋은 걸 왜 사람들이 누리지 않을까, 늘 의아했다. 말로만 자유롭고 싶다고 하지 말고 그냥 자유롭게 살면 되잖아? 왜 부러워만 하고 그렇게 살지 않지? 사람들이 자유롭게 살지 않는 지 이해할 수 없었다. 그런데 공짜라고 생각했던, 자유의 대가가 얼마나 큰지는 나중에야 알게 되었다.

알고 보니 자유는 무지막지하게 비싼 놈이었다. 안정, 사회적 인정, 안정된 경력 그 모든 것을 치르고 얻을 수 있었다. 많은 사람들이 자유롭게 살기를 갈망하지만 정작 자유를 선뜻 선택하지 못하는 건, 그 대가가 얼마나 큰지 무의식적으로 알기 때문이라고 생각한다.

흔히 꿈은 현실과 다르다고 말한다. 맞는 말이다. 꿈과 현실에는 분명히 갭이 존재한다. 무언가를 꿈꿀 때, 우리는 얻을 것과 이룰 것을 생각하고 달콤한 상상에 빠진다. 하지만 막상 실제로 해보면 내가 꿈꾸는 걸 얻기 위해서 치러야 할 대가가 상당하다는 걸 알게 된다. 꿈꾸던 창업을 해도 죽어라 일해야 하고, 그 좋아 보이는 세계여행도 막상 떠나보면 위험한 일 천지다. 나를 노리는 사기꾼, 소매치기, 강도가 득실득실해 몸 성히 돌아오는 것도 행운이다.

꿈과 현실의 갭을 만드는 것이, 바로 내가 꿈꾸는 삶을 위해 지불하는 '비용'이다. 그 비용을 무시하면, 꿈도 현실도 힘들어진다. "사람들이 선택을 못 하는 진짜 이유는 답을 몰라서가 아니라 그에 따르는 비용을 지불하기 싫어서"라는 김어준의 말은 그래서 뼈를 때린다.

원하는 대로 자유롭게 산다는 건, 정말 대가가 크다. 안정되지 않을 수도 있고, 남들의 인정을 못 받을 가능성도 크고, 무엇보다 누구도 박수 쳐 주거나 지지해주지 않는다. 그럼에도 불구하고 그렇게 살아간다는 건, 자기 인생을 거는 것이다. 그만큼 목마르고, 절실하니까 그럴 수 있다.

하지만 얻는 게 있으면 포기해야 할 것도 있다는 걸 알고 그를 기꺼이 책임지려고 한다면, 생각만큼 갭은 크지 않을 것이다.

_마음은 손해 보는 장사는 하지 않는다

예전에 어느 심리학자가 "마음은 손해 보는 장사는 하지 않는다."는 말을 한 적 있다. 지금 상황이 아무리 괴롭게 느껴져도 그대로 살아가는 건, 나름대로 얻는 이득이 있기 때문이라는 뜻이다.

10년 넘게 같은 회사에서 일해온 친구가 있었다. 그 친구는 만날 때마다 월급쟁이가 너~~무 싫다고 노래를 불렀지만, 정작 그만둘 마음은 없어 보였다. 실은 월급이 주는 안정감이 그보다 더 컸기 때문이다. 친구에겐 자유보다 안정이 훨씬 더 중요했고, 그래서 그렇게 살 수 있었다. 그런데, 나는 그게 안 된다. 나에겐 안정보다 자유가 더 중요하다. 그래서 '회사에서 월급 받는 안정된 삶을 택할래' 아니면 '불안정해도 니 뜻대로 한번 살아볼래'라는 순간이 오면 늘 후자를 택한다. 자유가 나의 핵심가치이기 때문이다. 안정은 나를 밥 먹여주지만, 자유는 나를 숨 쉬게 한다. 따라서 안정 없는 삶은 견딜 수 있어도, 자유가 없는 삶은 견딜 수가 없다.

살고 싶은 대로 살면 좋겠지만, 누구나 그렇게 살아야 한다고 생각하진 않는다. 어떤 삶을 택하든 치러야 하는 대가가 있고, 따라서 가벼운 삶은 단 하나도 없기 때문이다. 그러니 '내가 원하는 삶이 무엇인지' 묻기 전, 다음 물음에서 출발하면 어떨까 싶다.

과연 내가 감당할만한 삶은 어떤 것인가?
지금의 이 삶은 내가 감당할만한 삶인가?

_완벽한 길이란

예전에 내 앞에 두 갈래 길이 있다고 생각했다.
로버트 프로스트의 시 〈가지 않은 길〉처럼 선택의 기로에 놓일 때면, 그 앞에 서서 한참을 생각했다.

'어떤 길을 선택해야 후회를 덜 할까?'
'혹시라도 나중에 후회하면 어쩌지?'

완벽한 길을 선택하려고 신중에 신중을 기했다. 어떨 땐 후회가 두려워 아예 선택하지 않고 어물쩍 넘길 때도 있었다. 선택했더라도 더 나은 길이 또 나오진 않을까 촉각을 곤두세우며 다른 길을 기웃거렸다.

그런데 알고 보니 내 앞에는 두 갈래만이 있는 게 아니었다. 수많은 길이 있었고, 그 길들은 나를 중심으로 방사형으로 뻗어 있었다. 그중 어떤 길을 가도 괜찮았다. 물론 어떤 길을 택하느냐에 따라 내 삶의 모습을 달라질 것이고, 어떤 경험을 하는가도 달라질 것이다. 하지만 어떤 길을 택했냐 보다 그 길을 어떤 마음으로 걸어가느냐, 그게 훨씬 중요했다. 완벽한 길을 선택하는 것보다 지금 내가 걷고 있는 이 길을 최선으로 만드는 노력, 그게 훨씬 중요했다.

　　'그때 회사를 그만두지 않았더라면….'
　　'그때 남자친구에게 헤어지자고 하지 않았다면….'
　　'그때 내가 다치지 않았더라면….'
　　'그때 여행을 가지 않았더라면….'

내가 후회하고 또 후회했던, 이런 경험 덕분에 나는 새로운 커리어를 만들었다. 방황전문가가 되었고, 여행작가가 되었고,

강연가가 되었고, 강점 코치가 되었고, 컨설턴트로도 활동한다. 그때의 경험이 없었더라면, 지금의 일들은 꿈도 꾸지 못했을 것이다.

꿈 분석가이자, 신화학자인 고혜경 씨가 '나의 꿈 분석법'이란 강의에서 이런 말을 한다.

"이 세상에 잘못된 길은 없어요. 오직 내 본성을 어긋나는 길만이 잘못된 길입니다."

맞다. 내 앞에 있는 길은 두 갈래길이 아니다. 여러 갈래로 뻗어있고 어떤 길을 가도 괜찮다. 다만 그 길을 어떤 마음으로 가느냐, 그게 중요하다. 어느 길이든 최선을 다해 걷는다면, 결국 내가 가야 할 '그 곳'으로 이어질 테니까.
마음이, 한결 가볍다.

좋아하는 것에 꿈꾸는 삶의 힌트가 있다
🌿 자꾸만 끌리는 것들의 비밀

언젠가 아는 언니에게 "내 매력이 뭘까요?" 물었더니, 이런 대답이 돌아왔다.

"산책할 때 눈길 가는 것을 눈여겨 보렴~ 너와 닮은 것들이 눈에 많이 들어오고 더 오래 쳐다볼 거야. 자신의 눈길이 머무는 곳에 네 매력을 발견할 가능성이 높아."

아니나 다를까, 예전에도 비슷한 말을 들은 적이 있었다. 내 눈길이 오래 머무는 것들, 눈길이 자꾸 가는 것들… 거기에 나의 것들이 숨겨져 있다는 말.

_자꾸만 끌리는 것들의 비밀

이상하게 자꾸 꽂히는 단어들이 있다. 자주 눈길이 가고, 자주 사용하는 단어들. "저는 이상하게 '소망'이란 말에 자꾸 끌려요." "저는 '길'이란 말을 정말 좋아해요." 이렇게 내가 좋아하고 자꾸만 끌리는 말들엔 나의 소중한 것들이 녹아 있기 마련이다. 중학교 때부터 좋아하는 단어들을 모아왔는데, 모아보니 내 가치를 대변해주는 말들이 되었다.

> 자유, 길, 소통, 교류, 세계, 리더, 사람, 여행, 낯설음, 새로운 것, 변화, 힘, 아름다움, 창조, 잠재력, 꿈, 미래, 탐험, 모험, 글, 책, 말, 인터뷰, 삶, 문화, 예술, 본질, 자아실현, 가치, 쓸모, 재발견, 관점, 자율, 다양성

여기엔 인생을 통해 실현하고 싶은 핵심가치가 들어있다. 예를 들면 자율과 자유는 내 인생의 핵심가치다. 소통하고 교류하는 것을 무척 좋아하는데 그래서 강연을 하고 글을 쓴다. 컨텐츠 제작에도 관심이 많다. 나는 세계를 무대로 일하고 살고 싶다. 이렇게 좋아하는 단어를 연결하는 것만으로도 '내가 누구인지' 설명이 가능하다.

_좋아하는 것에 내 삶에 대한 힌트가 있다

욕망은 본능적인 외침으로, 무언가를 원하고 하고 싶어 하는 힘이다. ≪위대한 나의 발견, 강점혁명≫(마커스 버킹엄 지음) 책에는 하고 싶다는 마음은 재능의 중요한 부분으로, 이상하게 어떤 활동에는 끌리고 어떤 활동은 싫은 기억이 있다면, 이것들

은 뇌의 시냅스 때문이라고 설명한다. 약한 시냅스의 결합은 억지로 하기가 어렵지만 강한 시냅스의 결합에는 저항할 수 없다. 따라서 하고 싶다는 끌림은 두뇌 회로 중에서도 두드러지게 강력한 회로가 일으키는 자연 현상으로, 이 힘은 나를 어떠한 방향으로 몰아가고 움직이게 하는 강력한 방향타가 된다.

내가 아는 어떤 이는 글쓰기에 대해 배운 적이 없다. 그런데도 늘 글을 쓰고 싶었고, 언제라도 쓴다면 잘 쓸 것이란 믿음이 있었다. 그는 마흔이 넘어서 처음으로 책을 썼고, 그 책은 베스트셀러가 되었다. 그는 그 뒤로도 1년에 한 권씩 꾸준히 책을 내며 베스트셀러 작가로 이름을 날리게 되었다. 이처럼 하고 싶다는 마음, 즉 욕망은 재능의 중요한 부분일 수 있다.

_욕망이 거세된 자들

사람들은 대체로 욕망이란 단어를 입에 올리기 꺼려한다. 아무래도 욕망이 점잖지 않은 것들 - 성욕, 식욕과 같은 본능적인 것과 주로 연관되기 때문일 것이다. 하지만 나는 욕망이란 단어를 떠올리면, 펄떡거리며 뛰어가는 야생마가 그려진다. 그 야생마는 억누르거나 특정 방향으로 이끌려고 하면, 반항하거나 자신의 존재를 감추고 다른 모습으로 변모해 우리 앞에 나타난다. 이를테면 무기력증, 우울증과 같은 모습으로 말이다.

한번은 워크숍에서 이런 친구를 만났다. 소위 말하는 금수저 집안에서 태어났고 외국에 유학까지 하고 돌아와 금융권에 취업한 친구였다. 남들이 부러워할 만한 삶을 살았지만 정작 본인은 우울증이 극심했다. 대상을 알 수 없는 분노와 공허감으로 가득해 하루하루가 위태로워 보일 지경이었다. 매일 자살을 생각하는 그에게는 욕망이 없었다. 아니, 부모의 기대에 부응하느라 자신의 욕망을 억누르는 게 너무나 심했다.

이처럼 누군가가 (대체로 부모님) 정해준 과업을 하느라, 누군가의 욕망을 대신 채우느라, 자신의 시간과 에너지를 모두 소모하게 되면 자신의 감정과 욕망을 잊어버리고 만다. 그리고 남은 시간동안 왜인지 모르겠지만 끝없이 밀려오는 공허함에 빠져, 뭘 하는지도 모른 채 살아간다. 욕망은, 우리를 살아있게 하는 중요한 힘이다.

_내 안에서 타오르는 불꽃, 욕망

나는 어렸을 때부터 호기심이 많았고 하고 싶은 게 많았다. 그래서 하고싶은 게 생각날 때마다 다이어리에 모두 적어두었다. 이를 〈욕망리스트〉라고 이름 붙였는데, 1년이면 다이어리 한두 쪽이 꽉 찼다.

> 남미 여행, 아프리카 여행, 책 읽기, 잠재력 계발 전문가로 전 세계 이름 날리기, 그림 배우기, 피아노 배우기, 해금 배우기, 길거

리 연주회 열기, 외국에 유학 가기, 멋진 남자랑 연애하기, 귀한 잡지 만들기, 축제 계획하기, 전 세계 돌아다니면서 일하기, 외국 친구 사귀기, 인생 동반자 만나기, 책 내기, 밸리댄스 배우기, 요가강사 자격증 따기, 요리 배우기, 최고의 인터뷰어 되기, 갤러리 만들기, 모델하기, 춤 배우기, 락밴드 활동, 스노보드 타기, 5개 국어 익히기….

여기에 적힌 것들은 내 욕망의 기록이자 꿈 목록이다. 내 마음을 건드리고 간 것들을 모아 놓은 이 리스트를 볼 때마다 즐거운 상상에 잠기곤 한다. 이렇게 하고 싶은 걸 적어두는 것만으로도 현실로 이룰 가능성이 매우 높아진다. 만약 내가 뭘 원하는지 잘 모른다면 아래 질문을 참고하여 적어보면 도움이 된다.

1. 심장이 뛰는 순간 & 질투심이 일어나는 순간은 언제인가?
2. 죽기 전에 꼭 하고 싶은 것들
3. 한 달 뒤 죽는다면 무엇이 가장 후회될까?
4. 지금까지 살면서 가장 후회되는 일은?
5. 하고 싶었지만, 여러 이유로 하지 못했던 일은?
6. 돈도 시간도 자유롭다면, 가장 먼저 무얼 할 건가?

20년 가까이 욕망리스트를 적으면서 재밌는 사실을 알게 되었다. 시간이 지남에 따라 욕망은 그 얼굴을 계속해서 바꿔갔는데, 욕망에도 진짜와 가짜가 있었다!

진짜를 가려내는 욕망분석법

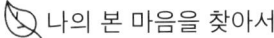 나의 본 마음을 찾아서

욕망은 위험하다. 불순물과 가짜가 너무 많기 때문이다. 욕망을 제대로 살리고 싶다면, 먼저 불순물과 가짜를 걸러내는 작업이 필요하다. 자체발광 욕망덩어리인 나는 오랫동안 욕망을 좇아오며 많은 시행착오를 겪었다. 그러면서 욕망을 더 깊이 이해하게 되었고, 그를 '욕망 분석법'이라는 방법론으로 정리했다. 정말 내 마음이 무엇을 원하는지 보고 싶다면, 이 욕망분석법에 주목해보자.

_욕망의 구분

욕망은 크게 거짓 동경, 유사 욕망, 중독 3가지로 분류해볼 수 있다. 중독은 음식, 술, 도박 등 비교적 외부에 드러나기 쉬운 형태로, 여기에선 언급하지 않을 것이다. 내가 주목하는 건 사람들이 속기 쉬운 '거짓 동경'과 '유사 욕망'이다. 이에 대해 정의하고 어떤 특성이 있는지 살펴보고, 진짜와 어떻게 구별할 수 있는지도 보겠다.

_1단계. 유사 욕망 걸러내기

유사 욕망은 누군가의 영향을 받아 생긴 욕망으로, 모방성이 강하다. '아, 나도 저렇게 살아봤으면.' '저게 나에게도 있었으면.'하고 바라는 것으로 부러움 혹은 열등감을 동반한다. 다만, 수명이 오래가지 않는다. 이에 비해 진정한 욕망은 자기 안에서 뻗어 나오는 반복적인 외침이다. 이 외침은 한 번으로 끝나지 않는다. 따라서 유사 욕망을 걸러내는 핵심은 그것이 얼마나 오래 가는지 아는 것이다.

> ☞ 왜 그것을 하고 싶은 것일까? '한때' 하고 싶은 것일까,
> 아니면 '일생을 두고' 하고 싶은 것일까?

2주, 1달, 1년 등의 시차를 두고 욕망리스트를 작성해보면, 유사 욕망은 쉽게 구분해낼 수 있다. 유사 욕망의 수명은 길지 않아서 쉽게 사라진다. 다만 시간이 지나도 꾸준히 반복되어 나타나는 것이 있다면 진짜일 확률이 높다. 그렇게 남겨진 것들은 가지고 가도 좋은 녀석들이다.

_2단계. 거짓 동경 걸러내기

앞서 어떤 것에 자연스레 끌리고 무언가를 하고 싶다는 것은 내면에 무언가가 있기 때문이라고 가정했다. 그러나 늘 그렇지만은 않다는 데 고민이 있다. 거짓 동경은 내 안에서 발생한 이끌림이지만, 진짜는 아니다. 예를 들어보자.

고등학생 수현이는 장래 꿈이 가수다. 가수가 너무 하고 싶은데, 그 이유는 명확치 않다. 인기가 많으면 좋을 것 같기도 하고, 화려해 보이는 생활도 좋을 것 같다. 하지만 좋은 가수가 되기 위해 얼마나 많은 땀을 흘리고 노력해야 하는지, 어떤 것을 포기해야 하는지는 잘 모르고 큰 관심이 없다.

이처럼 내면의 동기보다 외부조건에 의한 이끌림이 더 클 경우 거짓 동경으로 분류할 수 있다. 단순한 호기심 혹은 내면의 어떤 결핍이 이런 '거짓 동경'을 쉽게 불러일으킨다. 거짓동경은 설익은 욕망과도 같다. 진짜가 될 가능성은 있지만, 그걸 내 꿈이라 단정 짓기는 이르다. 그럼 어떻게 이를 구별해낼 수 있을까?

거짓 동경을 걸러낼 수 있는 가장 좋은 방법은 직접 그 일에 뛰어들어 단맛과 쓴맛을 모두 맛보는 것이다. 해당 분야에서 일하는 사람을 직접 만나거나 체험담을 듣는 간접경험도 중요하다. 그 일이 가진 좋은 점 외에도 힘든 점, 다른 부수적인 것까지 감당할 수 있을지 정직하게 물어보아야 한다.

☞ 왜 그것을 하고 싶은 것일까? 그 일의 '단맛'과 '쓴맛'은 무엇인가? 그를 알고도 여전히 하고 싶은가?

_3 단계. 욕망의 본 맛 찾아내기

유사 욕망도 거르고, 거짓 동경도 잘라냈다면 이젠 욕망의 본 맛을 찾을 차례다. 왜 그것에 이끌리고, 하고 싶은지 '진짜 이유'를 찾는 게 남았다.

똑같이 선생님을 하고 싶다고 해도, 왜 선생님을 하고 싶은지 캐내어 가다 보면 그 뿌리가 전부 다르다. 단순히 아이가 좋아서 일수도 있고, 가르치는 행위 자체가 좋아서일 수도 있고, 선생님이 가지는 권위에 이끌려서 일 수도 있다. 진짜 이유를 찾으면 내게 무엇이 중요한지 이해할 수 있다. 그를 이해하면 욕망을 실현하는 방식도 훨씬 다양해질 수 있다. 권위에 이끌려 선생이 되고 싶었던 아이는 굳이 선생이 되지 않아도 된다. 경찰관, 교수 등 권위를 충족시키는 일이라면 역시 만족할 것이다.

진짜 이유를 찾아가는 데는 '5 why 기법'이 유용하다. '왜'를 최소한 5번 이상 반복해서 묻는 것인데, 계속 묻다 보면 그냥 '이유'가 아니라 '진짜 이유'가 나오게 된다. 제대로만 하면 본질적인 욕망까지 내려갈 수 있다.

이처럼 내 안의 욕망을 하나씩 짚어 가다 보면, 그들이 내게 알려주는 바를 이해하게 된다. 욕망을 이해한다는 건 세상이 아닌 내게 좋은 게 무엇인지 아는 것이고, 욕망에 따라간다는 건 세상이 아닌 내게 소중한 것을 향해 움직인다는 말이다. 따라서 욕망을 되찾는 작업은 변화의 좋은 출발점이 된다. 그렇게 욕망을 따라가다 보면 잊고 있던 또 다른 나를 발견할지도 모른다. 그리고 놀랄 수 있다.

"뭐야, 내가 이렇게나 골 때리고, 멋진 인간이었던 거야?"

이 삶은 내게 기대하는 바가 없다

삶이 무겁게 느껴질 때,
자꾸만 심각해지려 할 때,
혼자 중얼거리는 주문이 있다.
'이 삶은 내게 기대하는 바가 없다.'

그러니 대충 살아
생긴 대로 살아
욕하면 걍 들어 단련하는 거야
그냥 그렇게 살아

너무 잘하려 하지마
너무 예쁘게 보이려 하지 마
힘 들어가면 더 못해
걍 뻔뻔하게 살아
어차피, 그것마저도 너잖아.

어느 날 제자가 스승에게 물었다.
"스승님, 전 앞으로 어떻게 살아야 하나요?"

스승이 답했다.
"니가 발견하고, 살면 된다.
집을 떠나 자신과 대면하는 시간을 가진 사람만이 성장해서 집으로 돌아온다. 걷다가 두 다리가 지쳐 더 이상 걸음을 뗄 수 없으면, 그때가 바로 너의 날개가 펼쳐져, 하늘 높이 날아오르는 순간이 될 것이다. 그러니 떠나기를 두려워하지 말거라."

4

어떻게 살까?
나만의 답을 찾아서

Life Adventure

인간의 한계는 어디까지일까?

꿀벌은 참 재밌는 녀석이다. 공기역학적으로 보면 몸체, 몸무게, 날개의 폭과 크기 때문에 날 수 없는데, 그 녀석의 주특기가 나는 일이다. 이론상으로는 날 수 없지만, 다행히도(?) 꿀벌은 자기가 날 수 없다는 사실을 알지 못한다. 그 결과 아무 문제 없이 잘 날아다니며, 꿀까지 끌어모으고 있다! 한계를 넘는다는 것에 대해 뭘 좀 아는 녀석이다.

정신적 장애가 있는 천재를 영어로 '이디엇 새번트(idiot savant)'라고 한다. 우리 말로 하면 '백치 천재'쯤 되는데, 이들은 좌뇌가 손상되면서 모든 기능을 우뇌가 주관한다. 우뇌 밖에 작동 하지 않지만, 이들의 뇌 사용 능력은 일반인보다 훨씬 좋다. 영화 〈레인맨〉의 실제주인공인 '킴 픽'도 바로 그러한 경우다. 그는 일반인이 이해할 수 없는 방법으로 숫자를 외우고 어마어마한 양의 자료들을 사진으로 찍듯이 자신의 머리에 저장한다.

그의 아버지가 한 말이 인상 깊다.

"사람들은 스스로 두뇌의 능력을 제한하는 경향이 있지요."

미국 NASA에서도 "인간두뇌능력은 측정불가, 무한대"라고 했다고 한다. 우리만 모를 뿐이다.

한계를 대하는 데, 내 생각엔 두 부류의 사람들이 있다.
- 자신의 한계를 보고, 좌절하고 멈추는 사람
- 자신의 한계를 보고, 그를 발판 삼아 더 나아가는 사람

나는 궁금해졌다. 대체 그들을 가르는 지점은 무엇일까?
그들을 이루고 있는 '환경'일까, 아니면 그들의 '생각'일까?
또 궁금해졌다. 나는 어느 부류의 사람일까? 한계에 부딪히면 주저앉는 사람일까, 아니면 이기고 나아가는 사람일까?

누군가 나를 알려면 내 한계를 경험해보라는 이야기를 했다. 프랑스에는 '경험 experience'이라는 말에 경험과 실험이라는 뜻이 함께 들어있다고 한다. 나를 경험하고 실험해보고 싶었다.

과연 나의 한계는 어디까지일까?

무전여행, 발톱 잃고 자신감을 얻다
🍃 자신에게 작은 승리 선물하기

누구나 인생에서 획을 긋는 경험 하나쯤은 있을 것이다. 내게는 19살 때 했던 무전여행이 그랬다. 내 안에도 빛나는 뭔가가 있다는 걸 알게 된, 첫 번째 경험이었다.

2001년 당시 나는 대학합격 통보를 받고, 입학할 날만을 기다리고 있었다. 내 앞에 자유가 흘러 넘치는 신세계가 막 펼쳐지려 하고 있었다. 그런데 기분이 영 깔끔하지 않았다. 내가 어떤 인간인지, 왜 살아가는 건지, 어떻게 살아야 하는지… 내 안의 질문들은 여전히 '물음표'로 남아있었다. 나라는 인간을 좀 더 알고 싶었다.

하루는 서점에 갔다가, ≪일본인의 영남대로 답사기≫라는 책을 보게 되었다. '도도로키 히로시'라는 일본인이 혼자 영남대로를 따라 도보여행하면서 그 경험을 엮은 것이었다. 그는 한국 지리를 공부하면서, 옛 문헌과 고지도를 뒤지고 마을 어른들에게 물어가며 19일에 걸쳐 영남대로를 완주했다고 했다. 영남대로는 서울 남대문에서 시작해 동래까지 이르는 총 950리 길. 군사 대로로 임진왜란 때 왜구의 피해를 가장 많이 입은 길로 알려졌는데, 그걸 일본인이 최초로 완주했다니 자존심도 상하고, 대체 어떤 길이길래, 라는 호기심도 일었다. 문득 좋은 생각이 떠올랐다. 나도 이 길 따라 한번 걸어보면 어떨까?

우리나라를 내 두 발로 걸어보고 싶은 작은 로망이 전부터 있었다. 이왕 하는 거면, 좀 더 빡세게 해보면 어떨까? 하는 욕심이 생겼다. 그래서 '도보여행'에 '무전여행'이라는 옵션을 더해보기로 했다. '이번 기회에 나를 단련 시켜 보는 거야, 진짜 어른이 되기 위한 통과의례라고나 할까. 어때, 멋지지 않아?' 이런 생각이었다.

마음이 동했다. 하지만 돈 없이 여행하는 게 과연 가능할까? 알 수 없었다. 게다가 혼자 10km 이상 걸어본 적도 없는데, 450km를 완주할 수 있을까? 그것도 알 수 없었다. 의심은 모락모락 솟아올랐지만 그를 덮은 건 요 막강한 호기심. 결말을 알 수 없었기에 그래서 더욱 해보고 싶었다. 한계에 부딪히는 경험을 해봐야 나를 안다고 하는데, 내 한계를 직접 경험해보고 싶었다.

"잘 갔다 올게."

나는 가족들에게 인사하고 씩씩하게 문을 나섰다. 언니 오빠 엄마 아빠를 비롯해 가족 누구도 말리지 않았고, 나 역시 동네 마실 가듯 가벼운 마음으로 나섰다. 하지만 2001년 2월 4일, 그날은 내 인생에 있어 역사에 길이 남을 아침이었다. 서울에서 부산까지 450km에 달하는 여정을 막 시작한 참이었으니까. 그것도 돈 한 푼 없이! 내 생애 처음으로 기획해본 대형 프로젝트였다. 그해 겨울엔 유난히 폭설이 많이 내렸다.

_무전여행을 하다

천 리 길도 한 걸음부터랬다.
이 말은 나를 위해 만든 말임이 틀림없다. 서울에서 부산까지는 장장 천릿길. 아직 갈 길은 980리가 남았지만, 일단 한 발 내딛고 나니 모든 두려움이 사라지면서 기분이 좋아졌다.

동대문에서 새로 산 워킹화도 신었겠다, 가방엔 25만분의 1 전국 지도도 있겠다, 머릿속엔 하루에 30km만 걸으면 된다는 계획도 있었다. 준비는 충분했고, 발걸음은 통통통, 가벼웠다. 기세 좋게 출발은 했지만 내가 얼마나 미친 짓을 하고 있는지를 깨닫는 데는 몇 시간도 걸리지 않았다.

첫날부터 서울의 매연을 종일 들이마시며 걷다 보니 반나절도 안 돼, 몸이 축 늘어진 마른오징어처럼 지쳐갔다. 하지만 쉴 수 없었다. 그러면 서울에 머무는 시간이 더 길어질 테니까. 조금이라도 빨리 서울을 벗어나고자, '이놈의 서울, 이놈의 매연' 혼자 랩처럼 중얼거리며 쉬지 않고 걸었다. 다행히 서울을 벗어나면서부터는 차도 사람도 없고, 있는 거라곤 풀과 나무뿐인 아주 자연친화적인 국도를 걸을 수 있었다. 그런데 얼마나 조용한지, 마치 이 지구에 생존자가 나뿐이 아닐까 하는 착각이 들었다. 내내 인적 없는 길을 홀로 걸으면서, 너무 심심하고 외로워도 눈물이 난다는 걸, 처음 알게 되었다.

_어라, 내 발톱이…

하루 10km 걸어본 적도 없었는데, 갑자기 하루 30km를 걸으려고 하니 몸이 반항하기 시작했다. 이게 대체 뭔 짓이냐며 당장 그만두라고 말리기라도 하듯, 출발 하루 만에 두 발이 물집으로 뒤덮였다. 게다가 어깨와 종아리, 허리 온몸 구석구석 안 쑤신 데가 없었다.

셋째 날이었다. 걷는 데 문득 왼쪽 발이 허전해졌다. 무겁게 짓누르던 뭔가가 훅, 하고 날아간 느낌이랄까. 급히 양말을 벗어보니, 왕방울만 하게 잡혀있던 물집이 터지면서 새끼발톱이 함께 빠진 게 아닌가! 발톱 빠진 건 또 처음이라 신기했지만, 제대로 감상할 여유는 없었다. 곧이어 엄청난 쓰라림이 강타했다.

뭔가 조치를 하고 싶었지만 가진 거라곤 고작 맨소래담. 그걸 맨살에 발랐다간 너무 시원한 나머지 하늘로 튀어 오를지도 몰랐다. 한적한 시골길이라 달리 도움을 청할 데도 없었다. 하는 수 없이 다시 일어나 걷기 시작했다. 한 걸음 옮길 때마다 발톱 빠진 속살이 신발에 쓸려 눈물 쏙, 빠지게 아파져 왔다. 나도 모르게 눈물이 줄줄줄 흘렀다. 그러면서도 꾸역꾸역 1시간을 걸었다. 얼마를 왔을까 기대하며 표지판을 봤는데, 내가 온 거리가 고작 1km! 워메, 환장하겠네!!! 하루 30km 이상을 걸어줘야 예상된 날짜에 부산까지 갈 수 있었는데, 1km 걷는 데 한 시간이 걸렸으니, 뭘 어찌할 수 없는 상황이었다. 진짜, 환장하겠네.

사실 아픈 것보다 이 여행을 계속할 수 있을까가 더 걱정이었다. 보름 뒤면 고등학교 졸업식이라 여행 일정을 더 지체할 수도 없었다. 그렇다고 이 발로는 더 걸어갈 수가 없고, 또 그렇다고 여기서 포기할 수는 없고.

가, 말아?

여행 시작하고, 가장 큰 위기에 봉착했다.

_언제고 위기는 온다

그날은 근처 절에 들어가 하룻밤 묵었다. 뜨끈한 구들장에 몸을 지지며, 밤새 머리를 굴렸다. 당장이라도 집에 가고 싶었지만 처음으로 뜻을 세워 나섰는데 도중에 포기해버리기엔 좀 아까웠다. 게다가 힘들다고 포기해버리면 앞으로 이런 위기를 맞았을 때, 또 그만두지 않을까? 역사는 반복되지 않던가. 아무리 힘들어도 처음부터 지는 역사를 만들 순 없었다. 나를 걸고 떠나온 길이니만큼, 무조건 해내야 했다. 하지만 마땅한 수가 떠오르지 않았다.

다음 날 아침 별수 없는 상태로 절뚝거리며 다시 길을 나섰다. 그런데 길가에 세워진 자전거가 문득, 눈에 들어왔다.

'그래, 자전거!!! 왜 그 생각을 못 했지? 걷는 게 안되면 자전거로 가면 되잖아, 유레카!!'

순간 형광등 1,000개가 한꺼번에 켜진 듯, 머릿속이 환해졌다. 나는 그 길로 버스를 타고 서울집으로 돌아갔다. 집 현관문이 열려있었지만 행여 마음약해질까봐 안에 들어가지는 않고, 자전거만 가지고 바로 나왔다. 두번째로 집을 나서는 기분은 처음 나설때와는 사뭇 달랐다. 처음엔 막막함이 컸는데 이번엔 자신감이 좀 생겼다. 무엇보다 이제부턴 자전거와 함께다! 내 자전거는 기어 변속도 안 되는 고물이었지만, 이번 여행길에서 더없이 소중한 동반자가 될 터였다.

나는 걷기를 멈췄던 지점으로 돌아갔다. 그리고 자전거를 타고 다시 시작했다. 차도 인적도 없는 국도를, 홀로 전세 낸 듯 페달을 마구 밟으며 신나게 달렸다. 바람을 가르는 기분이, 정말 끝내줬다.

사실 걷는 건 좀 지루했지. 안 그래? 이제부턴 도보여행이 아니라 자전거여행이 될 것이다, 야호! 끝까지 포기하지 않았다는 것이 나를 용기백배로 만들어주었다. 어떤 상황에서도 포기하지 않는다면 또 다른 문이 열린다는 건, 진실이었다.
시 한 수가 절로 나왔다.

"오늘 대낮의 밝음은, 전에 알던 그 밝음이 아니로세."

_발톱 잃고 더 큰 나를 얻다

그 뒤로도 자전거 체인이 끊어지고, 잘 곳이 없어서 파출소에서 밤을 새우는 등 갖은 해프닝이 있었지만, 결국 목적지인 부산 동래성까지 열흘 만에 도착할 수 있었다. 원래는 보름의 일정이었는데 자전거를 탄 덕분에 5일이 단축되었다. 곧 있을 졸업식에 참석하기 위해 그날 밤 기차를 타고 다시 서울로 올라왔다.

너무 피곤했지만 잠이 오지 않았다. 차창에 비친 내 얼굴을 들여다봤다. 그동안 제대로 씻지 못해서 몰골이 꼬질꼬질했지만, 이렇게 멋진 모습을 본 적이 없었다. 발톱도 잃고, 외로움을 뼈저리게 느끼고, 고통으로 눈물을 양껏 뽑아내고서 난 뒤였지만, 가슴 뻐근하게 기분이 좋았다.

지나온 시간을 되돌아보았다.
"왜 돈 없이 여행해? 왜 사서 고생해?" 여행하는 내내 많은 사람이 물었다. 그건 내가 스스로 계속했던 질문이기도 했다. 대체 왜 고생을 사서 한 걸까?

얼마 전 곰에 대한 재미난 이야기를 들었다. 곰은 기나긴 겨울을 나기 위해 겨울잠을 자는데, 그를 위해 미리 충분한 지방을 쌓아두는 게 필수다. 그런데 지방질이 충분히 쌓였는지 어떻게 확인할 수 있을까? 간단하다. 직접 나무에 올라가서 한번 떨어져보는 거다. 지방질이 충분히 쌓이면 덜 아플 것이고 아니라면 더 많이 아플 것이다. 내가 무전여행을 한 것도 비슷했다. 좀 아프긴 하겠지만, 내가 어느 선까지 견딜 수 있는지 직접 뛰어내려 확인해보고 싶었다.

스스로를 광야 속으로 내몰았던 이번 여행은 확실히 무모했다. 하지만 덕분에 많은 걸 얻었다. 가장 큰 건 발톱 잃고 자신감을 얻은 것이다. 그건 내 인생을 내가 만들어갈 수 있다는 자신감이었다. 자신감은 '자신을 아는 것에서 나온다'고 했다. ≪인간의 품격≫을 쓴 데이비드 브룩스(David Brooks)에 따르면, 자존감은 스스로 자신보다 더 나은 존재, 시련이 닥쳤을 때 믿고 의지할 수 있는 존재, 유혹을 만났을 때 굽히지 않는 존재가 됨으로써 얻을 수 있다고 한다.

혼자 결정하고, 선택하고, 잠자리 구하고 살아갈 궁리를 다양하게 해보면서 내게도 혼자 할 수 있는 힘이 있다는 걸 알았다. 스스로를 숫기 없고 부끄럼 많은 인간이라 생각했는데, 굉장히 적극적이고 때에 따라 능글거릴 수도 있다는 걸 알게 되었다. 덕분에 밥 한번 굶지 않고, 한뎃잠 한번 자지 않고 무사히 여행을 마칠 수 있었다. 무엇보다 한계에 부딪혔을 때 내가 주저앉는 사람이 아니라, 이기고 나아가는 사람이라는 걸 확인한 것이 가장 큰 수확이었다.

스스로 택한 첫 번째 도전에서,
발톱을 잃고 더 큰 나를 얻었다.
이젠 어디서고 살아남을 자신이 생겼다!

나홀로 월악산행, 용기도 근육처럼 길러진다
🍃 모험의 원체험 만들기

고등학교 1학년 때 아주 촌스러운 표지의 책을 읽은 적이 있다. 한 청년이 지구본을 들고 그를 삼킬 듯 입을 쫙 벌리고 있는 사진이 표지였는데, 그야말로 촌티가 팍팍 날렸다. 그 책을 택한 건 단 하나. 제목이 마음에 들어서였다. 제목은 ≪난 지구를 꽉 삼켜버렸다≫(임형준 지음). 생각보다 재밌어서 여러 번 읽었는데, 그 가운데 내게 오랫동안 울림을 준 구절이 있었다.

"항구에 정박해 있는 배는 결코 좌초당하지 않는다.
그러나 아무 곳도 갈 수 없다. 배로서의 가치를 상실한 것이다.
오로지 떠나는 배만이 뭔가를 얻을 수 있다.
격랑과 폭풍우를 만날지라도
보물섬에 갈 수 있는 확률이 높아진다.
설사 침몰한다 해도 그 도전하다 맞는 침몰은
항구에 묶여있는 배보다 훨씬 아름답고 고귀하다."

_별 이유 없이 뭔가 도전해보기

그 책을 읽은 탓이었는지, 문득 어디론가 떠나고 싶었다. 당시 고 1 겨울방학 때였다. 그때까지 혼자서 산을 가거나 여행해 본 적이 없었다. 그런데 문득, 혼자 산에 가보고 싶어졌다. 이유는 잘 모르겠지만 해보고 싶다는 마음이 떠나지 않았다. 그래서 어디 갈만한 산이 있을까 알아보는데, '월악산'이 눈에 들어왔다. 월악산은 제천, 충주, 단양, 문경에 걸쳐져 있는데, 험준하기로 정평이 나 있었다. 집에서 기차로 1시간 거리, 그 정도면 도전하기에 적당해 보였다.

일단 월악산에 혼자 가겠다는 계획을 가족에게 알렸다. 부모님은 굳이 가야 할 이유가 있냐며 마뜩잖아하셨고, 오빠는 이름에 '악'자가 들어가는 산은 험해서 힘들 거라고 겁을 주었다. 그 말들을 듣고 보니, 굳이 가야 하나? 싶긴 했다. 사실 가야 할 이유는 아무것도 없었다. 하고 싶다는 그 마음 밖에는.

그 무렵 TV에선 실베스터 스탤론 주연의 영화 〈클리프 행어〉(1993)를 방영해주었는데, 시작 장면부터 여주인공이 절벽에서 뚝, 떨어져 죽었다. 그걸 보니 입맛도 뚝, 떨어졌다. 슬슬 걱정되기 시작했다. 내가 과연 무사히 살아 돌아올 수 있을까? 혼자서 산에 가본 적도 없잖아! 1093m의 월악산이, 8848m의 히말라야처럼 다가왔다.

사실 가도 그만, 안 가도 그만이다. 가야 할 이유도 없고, 안

간다 해서 누구 하나 뭐라 할 사람도 없었다. 월악산 가는 전
날까지도 마음을 결정하지 못했다. 저녁에 TV를 보는데, 드라
마에서 이런 대사가 흘러나왔다.
"포기하는구나, 그래 포기해라 포기하면 그뿐이니까."

순간, 그 말이 내게 하는 말처럼 확, 꽂혀 들어왔다. 배우가 그
대사를 말하면서 약간 비아냥거리는 것도 같았다. 오기가 솟
았다. 그래. 까짓, 한번 해보자.

_마침내, 월악산

다음날 새벽. 월악산 가는 기차에 (나도 모르게) 앉아 있었다. 일
단 오긴 왔는데 마음이 아주 심란했다. 살아 돌아갈 수 있을
까? 이제 겨우 16살인데... 죽을지도 모른다고 생각하자 마음
이 비장해졌다. 가서 얼어 죽으면 어떡하지? 오르다가 절벽
같은 데서 떨어지면 어떡하지? 쓸데없이 온갖 상상력이 발휘
되는 사이로, 문득 이런 생각이 떠올랐다.

'어차피 한번은 죽잖아. 내가 죽을 운명이면 집에 가만히 있
어도 죽을 거고, 살 운명이면 전쟁터에서도 살겠지. 그럼 죽을
때 죽더라도, 하고 싶은 걸 하고 죽는 게 낫지 않아?'

일리가 있는 말에 다시 용기가 솟았고, 그 사이 기차는 월악산
에 도착했다. 나는 저 멀리 보이는 월악산을 보며 말걸었다.

'내 살아서 돌아올지 모르지만, 오늘 당신을 한 번 밟아보고자 왔소이다. 부디 나를 허락해주시오.'

어렸을 때부터 무협지와 영웅전을 즐겨 읽어 말투가 이 모양이다. 자, 그렇다면 험하기로 소문난 한겨울의 월악산은 과연 어땠을까? 상상에 맡기고 싶지만 살짝만 이야기해주겠다.

길이 가파르긴 해도, 생각만큼 험하지는 않았다. 대신 매우 미끄러웠다. 나는 겨울 산에 눈이 있으리라고, 길에 얼음이 깔려 있으리라고 미처 생각해보지 못했는데 길마다 얼음이 빼곡히 박혀 있는 게 아닌가! 당최 제대로 걷는 게 불가능해 수시로 자빠졌다. 조심조심 뒤뚱거리며 오르는데, 내 옆으로 머리 하얀 할배도, 8살짜리 꼬맹이도 무슨 일 있냐는 듯 성큼성큼 지나갔다. 그제야 사람들이 어떤 차림을 하고 있는지 눈에 들어왔다. 하나같이 전문 등산복에, 단단한 등산화를 신고 뾰족한 아이젠까지 장착한 상태였다. 아, 저렇게 입어야 하는 거였어.

새삼 내 꼴이 눈에 들어왔다. 나로 말할 것 같으면, 집에서 입던 점퍼를 주워 입고 온 데다, 밑창이 닳고 닳아 반질반질해진 운동화를 신고 온 터였다. 이러니 안 미끄러질 수가 없다. 거북이처럼 엉금엉금 걸어가는 나를 보고 많은 사람이 걱정해주었다.
"에고, 그렇게 해서 어떻게 정상까지 가려고 그래요?"
그러게요, 저도, 그게 의문입니다.

많은 분이 걱정해 주신대로, 그날 정상엔 오르지 못했다. 최선을 다해 올랐지만, 정상은 여전히 멀었다. 벌써 오후 4시가 넘은 시각인데 정상까지 어림잡아 한 시간은 더 가야 했다. 겨울이라 해가 빨리 지는 데다 기차 시간도 정해져 있어서 더는 지체할 수 없었다. 여전히 멀게만 보이는 정상을 뒤로하고, 재빨리 하산하기 시작했다. 미끄러져 거의 구르다시피 내려오는데, 예상외로 기분이 무척 좋았다.

가족들이 겨울산은 무서운 곳이라고 겁을 줬는데도 불구하고 포기하지 않은 게, 영화에서 주인공이 산에서 떨어져 죽는 걸 두 번이나 봤는데도 용기를 낸 게, 무엇보다 죽지 않고 살아서 돌아온 게, 참 장했다. 그랬다. 애초 정상을 밟는 것 따윈 중요하지 않았다. 도전하기로 마음먹고 두려움에 지지 않고 해내는 것, 그게 무엇보다 중요했다.

_용기를 길러주는, 모험의 원체험

심리학에서는 기억에 오랫동안 남아 어떤 식으로든 구애를 받게 되는 어린 시절의 체험을 '원체험(原體驗)'이라고 한다. 원체험은 인간의 뇌리와 마음속에 흉터처럼 남아 다른 체험에도 영향을 미치며 성격은 물론 장래까지 한 인간의 인생을 좌우한다. 처음으로 홀로 올랐던 월악산은 내 안의 두려움을 넘은 모험의 원체험으로 깊이 아로새겨졌다.

사람들은 '용기'는 타고나는 거라고 생각한다. 그러나 나는 용기도 근육처럼 키울 수 있다고 생각한다. 운동을 생각해보자. 타고난 장사가 아니라면, 처음부터 바벨 100kg을 들 순 없다. 일단 작은 것부터, 내가 감당할 수 있는 무게부터 시작해야 한다. 그렇게 하다 보면 어느 순간, 이전에는 들 수 없다고 생각했던 무게를 들고 있는 나를 발견한다. 도전도 마찬가지다. 지금 내가 월악산을 혼자 오르는 건 아무 일도 아니다. 하지만 당시 16살 때 그 일은 히말라야 등반보다 큰일이었고, 우주정복만큼 대단한 모험이었다.

별것 아니었지만 목숨 걸고 올랐던 월악산의 경험은, 무슨 일이라도 할 수 있겠다는 용기를 주었다. 만약 월악산의 기억이 없었다면, 나는 그 뒤 무전여행이고 세계여행이고 뭐고 할 용기도 내지 못했을 것이다. "대체 어떻게 그런 일들을 혼자 했어요?"라고 물었던 그 모든 도전 뒤에는 바로 이 월악산이 있었다. 작은 도전이 쌓이다 보면, 어느 순간 빅뱅처럼 엄청난 용기 에너지가 폭발하는 걸 경험했다.

월악산에 다녀온 날, 나는 만트라(Mantra, 진언, 주문)를 하나 얻었다. 특히 새로운 도전을 앞두고 두려움으로 압도될 때 중얼중얼 외면, 효과 만빵이다.

"어차피 한번은 죽는다.
기왕 죽을 거라면, 하고 싶은 걸 하고 죽자."

"20년 후,
당신은 했던 일보다
하지 않았던 일로 인해 실망할 것이다.
돛 줄을 풀어라. 안전한 항구를 떠나 항해하라.
당신의 돛에 무역풍을 가득 담아라.
탐험하라. 꿈꾸라. 발견하라."

-마크 트웨인

호주 1년, 새로운 나를 만나고 싶었다
🍃 혼자 힘으로 외국에서 1년 살아보기

언젠가 한 번 외국에서 살아보고 싶었다. 그것도 아무도 모르는 곳에서 혼자 힘으로. 지금과는 다른 삶을 살고 싶었다. 그리고 21살, 호주에서 그 기회를 맞게 되었다.

대학교 3학년 때, 말로 모건이 쓴 ≪무탄트 메시지≫라는 책을 읽었다. 자연과 동화되어 살아가며 개인이 가진 재능을 존중해주는 호주원주민의 문화를 접하고 깊은 인상을 받았다. 호주에 가서 그들을 만나리라, 마음먹게 됐다.

그러다 〈워킹홀리데이〉라는 제도가 있다는 걸 알게 되었다. 여행, 공부, 일 모두 합법적으로 할 수 있는 아주 기특한 녀석이었다. 워킹홀리데이를 통해 본격적으로 외국 나갈 준비를 시작했다. 비행기표며 주거비, 어학 연수비 등 초기정착에 드는 비용을 계산해보니 약 400만 원 정도가 필요했다. 그래서

서 너개의 아르바이트를 동시에 뛰며 돈을 모아갔다. 아침부터 밤늦게까지 쉬지 않고 일한 덕에 석 달 만에 목표한 금액을 모을 수 있었다. 비행기표를 예약하고 나니 호주에 간다는 게 실감이 났다. 비행기 한 번 타본 적도 없는데 외국이라니! 혼자 1년을 보내야 한다는 게 두렵기보다, 가슴 설레었다.
1년을 쪼개, '3개월은 공부하고, 3개월은 일해서 돈 모으고, 나머지는 모조리 여행'이란 장대한 계획을 세웠다. 준비하는 동안 스트레스가 많았지만 스스로를 달랬다.

"그래, 또 다른 문이 열리는 것뿐이야, 두려워하지 마."

_내 생애 첫 번째 해외 생활

내가 처음 정착했던 곳은 브리즈번이라는 도시였다. 호주 동부에 있는 조용한 도시 브리즈번은 언제나 화창했고, 도시 곳곳에 여유가 흘러넘쳤다. 어딜 가나 공원이 있고, 그곳에서 일광욕하고 책 읽으며 쉬는 사람들을 쉽게 볼 수 있었다. 누구도 서두르지 않았다. 대부분의 상점은 저녁 6시면 닫았고, 주말이면 공원에서 바비큐 파티를 하는 게 일상이었다. 이런 여유로움은 대체 어디서 오는 걸까?

안타깝게도 나는 그럴 여유가 없었다. 아는 이 하나 없는 낯선 곳에서 혼자 힘으로 살아낸다는 게 보통 일이 아니었다. 도착하자마자, 신문과 인터넷을 샅샅이 뒤져 살 집을 구하고, 시내

어학원을 직접 돌아다니며 학교를 결정하다 보니, 2주가 금세 흘렀다. 열심히 공부하고, 친구들을 사귀며 호주 생활에 적응해갔는데… 가져간 돈은 주거비, 학비 등으로 3개월도 안돼 바닥났다.

모든 걸 내 힘으로 해결하겠다고 마음먹었기 때문에, 어떻게든 살 방도를 찾아야 했다. 가만 보니 다른 친구들은 돈이 떨어지면, 레스토랑 서빙, 빌딩 청소 등을 하며 주로 도시에서 일자리를 구했다. 하지만 호주 하면 아웃백(오지) 아닌가! 나는 호주를 더 깊이 체험하고 싶어서 오지로 가기로 했다. 마침 남쪽 빅토리아주에 포도 수확 철이 다가온다는 정보를 입수했다. 때는 12월, 호주는 뜨거운 여름이었다.

_외국인 노동자가 되다

호주는 사람이 귀하다. 세계에서 6번째로 큰 나라지만, 인구는 약 2,500만 명밖에 안 된다. 몽골, 그린란드를 제외하면 인구밀도가 세계에서 제일 낮다. 그래서 좋은 건 인건비가 비싸다는 점. 한 두 달 바짝 일하면 여행경비 모으기가 어렵잖았다. 두 달간 바나나 따서 천만 원을 번 여행자도 있다는 풍문도 들었다. 희망이 생겼다. 나처럼 농장으로 가려는 사람들이 꽤 있어 인터넷으로 연락을 주고받으며 6명이 모였다. 우리는 자동차를 렌트해 빅토리아주의 소도시, 밀두라(Mildura)로 들어갔다. 시드니에서 밀두라까지 지도상으론 5cm에 불과했는데, 막상 차를 타고 가니 꼬박 하루가 걸렸다. 호주가 남한의 77배라고 하더니, 빈말이 아니었다.

미국 영화처럼 끝없이 펼쳐진 사막 도로를 따라, 하루를 달려 밀두라에 도착했다. 밀두라는 인구 3만인 아주 작은 도시지만, 포도 주산지로 유명하다. 덕분에 농장들이 많아 외국인 노동자를 비롯해 많은 여행자들이 돈을 벌러 이곳을 찾았다. 그래서 이곳의 많은 숙소가 여행자들에게 일자리를 알선해주는 역할도 겸했는데, 이런 숙소를 워커백팩(Worker backpack)이라 불렀다.

내가 들어간 워커백팩에는 30~40명은 족히 되는 세계 각국의 젊은이들이 있었다. 대개는 배낭여행을 하다가 돈이 떨어져서 온 여행자들이었다. 하지만 때를 잘못 맞춘 듯싶다. 올해 날씨가 변덕스러워 작황이 좋지 않단다. 쉐트! 당연히 일자리도 없단 얘기다.

돈 벌러 왔는데 하는 일 없이 놀고 있으니, 돈만 까먹는다는 생각에 초조해졌다. 앞으로 호주와 뉴질랜드를 6개월 여행할 계획이었는데, 경비를 마련하려면 이렇게 손 놓고 있을 수만은 없었다. 나는 숙소 매니저인 래리(Larry)를 공략하기로 했다. 래리는 꼬챙이처럼 바싹 마른 몸이 인상적인 30대 호주 남자였다. 착해서 시덥잖은 농담을 해도 잘 받아주었다. 그는 숙소 관리와 사람들에게 일자리를 나눠주는 역할도 함께 했다. 나는 매일 같이 래리를 찾아가 친분을 쌓았다. 래리를 통해 오늘은 어떤 일이 들어왔는지 체크하고, 일이 없는 날에는 숙소를 청소해서 방값을 깎았다. 친분을 쌓은 덕에 그 뒤로 일자리 잡는 건 어렵지 않았다. 일은 날마다 바뀌었다. 피망 따기, 호박 따기, 포도 따기, 마늘 뽑기 등 닥치는 대로 일하면서 조금씩 이력을 쌓아갔다.

_일단 한번 믿어봐

시간이 지나니 이곳 생리가 보이기 시작했다.
먼저 일하는 패턴을 보면 한국인/외국인 확실히 구분할 수 있다. 시간제로 할 때는 다들 똑같은 속도로 천천히 하는데, 능력제로 하면 한국인들은 태도가 완전히 돌변한다. 말도 안 하고, 밥도 안 먹고 미친 듯이 일한다. 제일 열심히 하고, 돈도 제일 많이들 벌어간다. (*시간제는 시간당 돈을 지급하고, 능력제는 한 만큼 주는 급여 시스템이다.) 한국인들 때문에 일거리가 없다고 현지인들의 푸념할 정도다. 나도 그런 한국인 중 하나였다.

일자리 배정에도 순서가 있었다. 정기적으로 수익이 나는 좋은 일자리는 모두 기존에 있던 사람들에게 가고, 신참인 나에겐 하루짜리 일만 돌아왔다. 지속적인 일자리를 구하려면, 농장주나 매니저와 연결되는 '줄'이 필요했다. '어떻게 할까' 머리를 굴리다, 이전 농장에서 알게 된 베트남계 매니저 티라(T.ra)가 생각났다. 당장 그에게 전화했다.

"티라, 나 애닌데(당시 내 영어 이름이 '애니'였다), 너 요새 일거리 좀 있니?"
"아, 애니! 음… 요즘 일이 많지 않긴 한데. 기다려봐."
"야, 솔직히 우리처럼 일 잘하는 사람도 없잖아."(안 줄까 봐, 배 짱 튕겨본다)
"좋아! 내일 포도 따는 일이 있어. 2명 더 데리고 와도 돼."
"오, 감사감사!."
"뭘. 내일 아침 6시에 픽업 갈 테니, 숙소 앞에 나와 있어."
"오케이!"

농장과 노동자 사이를 인력알선업체처럼 연결해주는 사람이 있는데, 그를 컨트렉터(contractor, 중개업자)라 한다. 이쪽 지방에선 베트남 사람들이 그를 꽉 잡고 있었다. 티라도 컨트렉터 중 하나였다. 늘 남들이 구해주는 것만 했는데, 직접 연락해 보니 오, 된다. 이런 식으로 일자리를 구하면서 내 일자리뿐 아니라 다른 사람들에게 일자리를 알선해주기 시작했다. 굉장히 뿌듯해졌다. 그래, 이렇게 부딪히면 되는구나. Trust myself, 그냥 나를 믿으면 되는구나.

그 뒤 티라와 손잡고 몇 번 일하다가, 나중에는 직접 구해보기로 했다. 중간에 티라가 일 소개비로 수수료 떼는 게 아까웠고, 가만 보니 나도 할 수 있을 거 같았다. 먼저 지역신문을 구해 인력정보란을 뒤졌다. 농장주들이 주로 지역신문에 일손 구하는 광고를 내기 때문이다. 나는 그 중 조건이 좋아 보이는 농장을 몇 군데 골라, 전화했다. 안되는 영어로, 일단 '내가 얼마나 일 잘하는지 보고 결정하라'고 큰소리부터 쳤다. 희한한 게 상황이 급해지면, 없던 배짱도 마구 생겨난다. 뭐, 안되면 말고. 그러다 한 포도 농장주와 연결이 되었다.

_성장의 증거

개리(Garry) 아저씨는 걸걸한 쇳소리로 "노 워리즈(문제없어)."를 하루에도 열 번 이상 외치는, 40대 농장주였다. 온갖 종류의 포도를 기르고 있어서 일거리가 많았다. 나는 한동안 그와 함께 일했다. 능력제로 일을 했는데, 포도를 딴만큼 돈을 주기 때문에 일할 땐 시간이 아까워 물도 안 마시고 밥도 안 먹고 얘기 한마디 하지 않고 독하게 일했다. 짧고 굵게 돈을 모아야 가능한 한 오래 여행을 할 수 있기 때문이다. 이런 근성에 가장 놀란 건, 나 자신이었다.

사람들이 날더러 "너는 능력제 인간이 되긴 힘들겠다"고 말해 왔었다. (*능력제 인간은 끈기 있고 독한 사람들을 비유적으로 가리키는 말이다.) 천성이 유유자적한데다 평소 말도 행동도 도무지 급한 것 없이 느릿느릿하기 때문이다. 그런데 왠걸~ 생각보다 나는 훨씬 독했고, 훨씬 영리했고, 훨씬 더 잘해가고 있었다. 대체 이런 면들이 다 어디에 숨어있었나 싶을 정도로, 나의 생존 능력은 경이적이었다. 이 상태로라면 사막 한 가운데 던져놔도, 알로에 재배하면서 어떻게든 살아남을 것 같았다.

나중엔 일 잘한다고 농장주가 아예 자기집에 오라고 해서 농장주의 가족들과 함께 지내면서 일했다. 밥도 제공해준 덕분에 편하게 지낸데다, 돈도 더 절약할 수 있었다. 농장일 하면서 지낸 지 어언 두 달이 흘렀다. 다행히 처음 목표했던 돈이 얼추 모아져서, 슬슬 떠날 준비를 했다. 어벙하게 비행기 내릴 때가 어제 같은데, 벌써 호주생활이 5개월이 넘었다. 시간이 지날 수록 할 수 있는 일이 늘어나고 있다. 전에는 크게만 보이던 게 점점 아무것도 아닌 것으로 보인다. 호주 농장주들과 협상하고 함께 일하는 걸 상상이나 해봤나! 전에는 할 수 없었던, 상상조차 못했던 일들을 오늘 하고 있다. 그게 기쁘다. 내가 성장하고 있다는 증거니까.

_ 길거리 연주자로 데뷔하다

그 뒤 사막을 비롯해 몇 달간 호주를 한 바퀴 돌며 여행했다. 어느덧 혼자 힘으로 살아보겠다고 떠나온 길이 막바지에 접어들고 있었다. 더불어 가진 돈도 달랑거렸다. 앞으로 뉴질랜드, 태국, 말레이시아에서의 여행 일정이 잡혀 있었기 때문에 조금의 긴장도 늦출 수 없었다.

당시 '팬플룻'이라는 대나무로 만든 악기를 가지고 다녔는데, 심심할 때마다 불곤 했다. 소리가 맑고 청아해 불고 있으면 주위로 사람들이 신기해하며 몰려들었다. 그 덕에 외국인들과 더 쉽게 친해질 수 있었다. 하루는 넉넉하지 않은 주머니사정 때문에 돈걱정을 하는 나를 보고, 한 일본인 친구가 이런 조언을 했다. "아까 팬플룻 연주하는 거 엄청 좋던데, 거리에서 공연해 보면 어때?" 평소 같으면 무슨 소리냐고 넘겼을 텐데 돈이 다 떨어지자 진지하게 고려해보게 되었다. 그래, 조금 부끄러운 게 굶어 죽는 것보다야 낫지.

나는 공연 첫 무대로 멜번을 정했다. 멜번은 호주에서 내가 가장 좋아하는 도시로, 온갖 축제와 공연이 1년 내내 끊이지 않는 자타공인 문화도시다. 덕분에 언제 어디서나 볼거리가 많았다. 거리예술에도 관대해서 시민들은 연주를 들으면 동전 하나라도 꼭 주고 갔고, 덕분에 길거리에서 공연하는 예술가도 다른 도시에 비해 월등히 많았다. 내 데뷔 무대로 손색이 없었다.

나는 사람들이 많이 오가는, 시내 중심가에 있는 백화점 앞에서 공연을 시작했다. 〈비발디 사계: 봄〉, 그게 내 첫 곡이었다. 사람들이 흘끗거리며 지나가는데, 너무 창피해서 어디 구멍이라도 있으면 숨고 싶었다. 다행히 사람들의 반응은 괜찮았다. 지나가면서 활짝 웃어주거나 최고라고 엄지를 치켜세웠고, 사진을 찍거나 소리를 녹음하는 사람도 있었다. 어떤 할아버지는 악기 이름이 뭐냐고 묻더니, "소리 정말 좋네요!" 한껏 칭찬해주었다. 기분이 확 좋아졌다. 시간이 지날수록 처음의 흥분과 떨림은 잦아들고, 오히려 대담해졌다. 중간에 삑사리도 좀 냈지만 아무 일 없었다는 듯, 그냥 천연덕스럽게 불렀다.

그렇게 한 시간 반을 연주하고 나니, 어느덧 날도 저물고 지나다니는 사람도 드문드문해졌다. 오늘은 여기까지 하자. 공연 수입은 18달러. 한 시간 연주치고 나쁘지 않았다.

그 뒤 하루 1~2시간씩 내리 사흘을 더 공연했다. 그리고 60달러를 벌었다. 큰돈은 아니었지만, 숙박비를 충당하는 데 많은 도움이 되었다. 사실 돈보다 더 좋았던 건, 연주 덕분에 멜번 시민들과 새로운 방식으로 교감할 수 있었던 점이었다. 그리고 돈 없는 상황에도 이런 꾀를 내어 기꺼이 즐겨준 나에게 참 고마웠다.

_ 외국에서 보낸 1년, 단 하나의 질문

호주에서 약 9개월간 지내고, 이후 뉴질랜드와 말레이시아 태국까지 여행하며 다니다 보니 어느새 1년이 다 되었다. 그간 여행, 공부, 일 모두 정말 열심히 했고 글로 다 담지 못할 만큼 다양한 경험을 할 수 있었다. 3일을 쉬지 않고 기차로 달려 내륙을 횡단하고, 호주 원주민을 만나 함께 사막여행하고, 태국에서 사기당해 전 재산을 다 털렸던 경험까지, 사람들에게 경험한 이야기들을 해주면 부러워했다.

"참 버라이어티하게 사시네요."

맞다. 하지만 모든 게 그냥 오지는 않았다. 하고 싶은 것을 하려면 용기가 필요했다. 내 욕망을 솔직하게 인정할 수 있어야 했고, 내가 누리는 것만큼 대가를 지불할 수도 있어야 했다. 또 스스로를 책임진다는 게 마냥 즐겁지 않았다. 혼자가 주는 자유만큼 외로웠고, 살아남기 위해 할 수 있는 모든 방법을 짜내야 했다. 하지만 그렇게 궁리하고 어려움을 겪으면서 배운 것도 많았다. 역시, 대가 없이 얻어지는 건 아무것도 없었다.

사춘기 이후 나를 괴롭혔던 질문이 하나 있었다.
"나는 누구인가?"

누구에게 설명할 수도, 풀 수도 없는 위 질문을 두고 혼자서 끙끙 앓았다. 여행도 그 때문에 꿈꾼 거였는지도 모르겠다. 더 넓은 세상에서, 더 많은 사람을 보고 만나면, 어떤 실마리라도 얻게 되지 않을까 하고. 그런데 여행은 내게 답을 주는 대신, 오히려 더 많은 질문을 던졌다.

"이렇게나 다양한 삶이 있는데, 넌 어떻게 살아갈래?"

여전히 답은 모르겠다. 다만, 내가 뭘 하고 싶고, 뭘 하고 싶지 않은지는 가려낼 수 있게 되었다고나 할까? 여행하면서 얻은 것 중 하나가 내면의 소리를 약간이나마 들을 수 있게 됐다는 거다. 이제부터 내가 할 일은 나를 좀 더 표현하는 것. 어떤 모습들도 감추지 않고 있는 그대로 마주 보고 끌어안는 것이다. 진정한 이야기는, 거기에서부터 시작될 테니.

"정신없이 두들겨 맞을 것을 알면서도
대담하게 뛰어드는 것,
그것이 우리가 가져야 할 단 하나의 삶이다."

-브레네 브라운

내 마음이 편한 길을 따릅니다
🍃 어떻게 살까? 24살 농부 처녀의 이야기

대학교 4학년 때였다. 졸업을 앞두었지만, 취업 생각이 별로 없었다. 친구들이 밤낮으로 취업 스터디를 할 동안 내 관심사는 다른 곳에 있었다. 내 주된 관심은 '내가 살고 싶은 삶'을 디자인 하는 일이었다. 당장 커리어를 쌓는 것도 중요하지만 인생을 길게 놓고 보았을 때, 내가 어떻게 살고 싶은지를 고민해야 할 시간이 20대라고 생각했다. 그런데 어디에서부터 무엇을 어떻게 해야 할지 몰랐다. 그래서 사람들에게 도움을 요청하기로 했다. 나보다 먼저 자신의 길을 찾고 만들어간 사람들을 만나, 그들의 이야기를 들어보자! 그들이 어떻게 자신의 길을 찾았는지 듣다 보면 내가 어떻게 살고 싶은지에 대한 힌트를 얻을 수 있을지도 모른다.

그런데 그런 사람들은 대체 어디서 만날 수 있을까? 주변 사람들에게 내 계획을 알려 추천을 받았다. 몇몇 지인들이 만나

보면 좋을 사람들과 가보면 좋을 장소를 귀띔해주었다. 그러다 귀농한 분의 소개로 '풀무학교 전공부'라는 곳을 알게 되었다. 풀무전공부는 귀농자들에게 농업 전반에 관한 지식과 경험을 전수해주는 곳이다. 공식 인가는 받지 않았지만 국내 최초의 교육 시설로, 농업대학교라 할 수 있다.

_24살 농부처녀 이야기

내가 충남 홍성에 있는 풀무전공부에 도착한 건 밤 9시가 넘은 시각이었다. 미리 연락해둔 덕분에 하루를 머물며 둘러볼 수 있었다. 학교 측의 배려로 기숙사에 짐을 풀고 예닐곱 명의 학교 선생님들과 인사를 나누었다. 30대~50대 정도로 보이는 선생들 사이에 20대 초반으로 보이는 앳된 여자 선생이 눈에 띄었다. 원예를 가르치는 '조 선생'인데, 24살 나와 동갑이라고 했다. (*이름을 밝힐 수 없어, 편의상 조선생이라고 칭한다.) 순간 호기심이 강하게 일었다. 나는 아직도 내 길을 몰라서 방황 중인데, 어떻게 그렇게 어린 나이에 '농업 학교 선생'이 되겠다고 결정했을까?

마침, 그날 밤 조 선생과 같은 방을 쓰게 되었다. 나는 조 선생에게 궁금했던 질문들을 쏟아내기 시작했다. "여기서 어떻게 지내나요? 근데 여기 살면 힘들지 않나요? 도시에서 친구들처럼 살고 싶진 않나요?" 조 선생은 수수한 인상만큼 말도 군더더기 없이 조곤조곤 하였다. 조선생이 시골 출신일 거라는 추측했는데, 예상외로 서울 토박이었다. 중학교까지 서울에서 다니다 고등학교를 농업대안학교인 '풀무고'로 가게 되었고, 이후 일본으로 유학 가 2년간 원예를 배우고 돌아왔다. (*풀무고는 1958년에 설립된 농업대안학교로, 농약과 비료를 엄청 써대던 70년대에 이미 유기농법을 도입했을 정도로 앞선 곳이다.)

조 선생의 일과는 단순했다. 오전에는 농사를 짓고, 오후에는 귀농자들에게 원예를 가르쳤다. 나는 그녀가 자신의 선택에 얼마큼 확신이 갖고 있는지 궁금했다. 힘들지 않냐고 물었더니 손사래를 치며 이렇게 대답했다.

"에유, 저라고 힘들 때나 아쉬울 때가 왜 없겠어요. 친구들은 저를 보면 의아해해요. 돈을 많이 버는 것도 아니고, 예쁜 옷 입고 꾸미지도 못하는데, 저걸 왜 할까 싶은 거죠. 근데 서울에선 누릴 수 없는 것들을 할 수 있어요. 별 보는 거, 좋은 공기 마시는 거, 작은 것들이지만 이런 게 더 귀하다고 느껴요. 그걸 아니까 추스르면서 사는 거죠."

그녀도 100% 확신이 없었다는 게 묘하게 안도감을 주었다. 그렇다면 왜 이 길을 선택했을까? 우리나라 산업 구조에선 농업이 매우 취약한 산업이고 돈 벌기 쉽지 않다. 부모님이 농사를 지으셨기 때문에, 얼마나 힘든지 잘 안다. 또 시골은 나이 들어서 오고 싶어 하지 젊을 때 오는 건 드물지 않은가? 대체 왜 농업을 택했을까?

"뭐, 그렇게 거창한 이유는 없어요. 일할 기회가 주어졌고 지금 하고 있는 거죠. 보면 알겠지만, 사실 여기에서 사는 게 그렇게 거창하거나 특별한 일도 아니에요. 다 똑같거든요. '생태'를 추구한다 해도 맨날 라면 끓여 먹고, 사소한 걸로 싸우고 그래요. 하지만 도시에서는 돈 없으면 할 수 없는 게 많은데, 여기선 돈 없어도 할 수 있는 게 있고, 하고 싶은 걸 할 수 있어요."

그녀의 입에서 '농촌을 제일가는 생태 현장으로 만들겠다' 이런 거창한 목표가 흘러나올 거라 생각했는데 예상외의 무심한 답에 놀랐다. 그리고 이어진 한 마디에 나는 망치로 얻어맞은 듯 강한 충격을 느꼈다.

"무엇보다 여기 있으면 제 마음이 편해요."

거창한 목표 따위 없어도 자기 길을 선택할 수 있다니!!!! 남다른 길을 가기 위해선 지구 평화나, 남들이 범접하지 못할 큰 목표가 있어야만 하는 거 아닌가? 사명감이나 남다른 비전이 있어야 하는 거 아니었어? 고작 그런 평범한 걸로도 가능하다고???? '내 마음을 따라간다'는 그 흔한 말을, 24살 농부처녀에게 듣게 되자 커다란 망치가 되어 내 머리를 땅, 하고 때렸다.

_남다른 삶을 산다는 건 어떤 건가요?

어질어질한 밤을 보낸 다음 날. 풀무전공부에선 어떻게 수업을 하는지 보고 싶어서 수업 하나를 청강했다. 귀농자들은 오전에는 논밭에서 일하고, 오후에는 인문학부터 철학, 농업 이론 등을 공부한다고 했는데, 마침 철학 수업이 진행 중이었다.

평소 나는 귀농자들은 뭔가 '남다른 사람'일 것이라 생각했다. 일반 사람들과 다른 선택을 했다면, 그만큼 다른 뭔가가 있을 거라고 여겼다. 예를 들어, 자본주의에 질려 숲에 들어간 헨리 데이빗 소로처럼 특별한 철학이 있거나, 평생 자급자족하며 살았던 니어링 부부같이 소박하지만 범접 못 할 꿈이 있을 거라 생각했다. 나는 수업에 들어가, 방해되지 않으려고 입 꾹 다물고 조용히 있었다. 예닐곱 명의 학생이 있었는데, 개 중 나이 지긋하신 분이 내게 여길 왜 오게 됐냐고 물었다.

"색다른 사람을 만나고 싶어서요."라고 했더니, 그 분이 정색하며 말했다.
"아니, 귀자 씨는 무슨 색입니까? 여기 색다른 사람 하나도 없습니다."

순간 아차 싶었다. '색다르다'는 말속에는 이미 정상과 비정상으로 나누는 잣대가 있었다.

"아, 그렇네요. 그냥, 여기 오신 게 평범하진 않은 거 같아서요. 귀농을 어떻게 선택하신 거예요?"
전체 수강생들에게 물었다. 다들 대답이 간단했다.

"그냥."
"체질에 맞아서요."
"한 번쯤 이렇게 살아야겠다고 생각했어요."

이틀을 귀농학교에서 지내면서 보니, 정색했던 그 수강생의 말이 맞았다. 그들은 남다른 사람들이 아니었다. 똑같이 '어떻게 살 건가?' '행복하고 살고 싶다'와 같은 비슷한 물음을 가지고 살고 있었다. 다른 점이 있다면, 선택의 기준이 남이 아니라 '자신'에게 있다는 거였다. 그들은 눈치 보지 않았다. 생각보다, 내 길을 찾는 건 단순하구만. 거창한 명분, 목적, 미션 같은 건 없어도 되었다. 이것만으로도 충분했다.

'내 마음이 편한가.'

_마음이 담긴 길

그렇다면, 내 마음이 편하다는 건 구체적으로 어떤 뜻일까? 그를 탐구하며 2가지 뜻을 추려냈다.

첫째, 나의 가치관과 부합하는가의 여부.
내가 중요하게 여기는 가치와 다른 일을 하게 되면, 아무리 좋은 곳이라 해도 마음이 불편해지고 내적 갈등이 생긴다. 어딘가 나와 어울리지 않는다는 느낌이 들고, '내가 왜 이걸 하고 있지'라는 질문이 나도 모르게 끊임없이 올라온다.

둘째, 그 일의 장단점을 모두 감내할 수 있는가의 여부.
어떤 일이든 좋은 면만 있을 수 없다. 어떤 일에 숨어있는 부분을 감내할 준비가 되어있지 못하면, 아무리 가치관이 부합한들 불만스럽기 마련이다.

내 마음이 편한 길을 간다는 건, 일반적인 성공의 길과는 다르다. 인정받지 못할 수도 있고 돈을 벌지 못할 수도 있다. 그럼에도 불구하고 마음이 담긴 길을 걸어야 할 이유가 있을까? 이에 대해 답을 준 좋은 글이 있어 소개한다.

"마음이 담긴 길을 걷는 사람은 행복을 추구하는 것이 아니라 행복과 나란히 걷는다. 행복은 목적지가 아닌, 여정에서 발견되는 것이기 때문이다. 따라서 행복의 뒤를 좇는다는 건 아직 마음이 담긴 길을 걷고 있지 않다는 것이다. 당신이 누구이든 어디에 있든 가고 싶은 길을 가라. 그것이 마음이 담긴 길이라면. 마음에 담긴 길을 갈 때 자아가 빛난다."

  -류시화, ≪새는 날아가면서 뒤돌아보지 않는다≫ 중에서

어느 길이 좋은 길인가
🍃 갈림길에 섰을 때 후회 없이 선택하는 법

몇 번의 퇴사를 하고, 또 몇 번의 새로운 시작을 하는 동안, 사람들은 내게 물었다.
퇴사할 때 괜찮았어요? 후회하지 않아요?

물론, 당연히, 괜찮지 않다. 그만두는 행위는 아무리 해도 익숙해지지 않는다. 하지만 뭔가를 포기하지 못하면 아무것도 선택하지 못하는 걸 알기에, 그저 매 순간 내게 더 가치 있는 걸 택하려고 노력할 뿐이다.

어느 길을 택해야 하느냐고, 가끔 물어오는 사람들이 있는데 누구에게도 딱 잘라 말할 수 없다. 다만 어느 길이 좋은 길인지 선택해야 할 때, 다음의 이야기가 도움이 될 수 있다.

_후회최소화 프레임, 아마존 CEO의 조언

2017년, 아마존 주가가 오르면서 한때 빌 게이츠를 제치고 세계 1위 부자에 올랐던 제프 베조스(Jeff Bezos). 그는 2010년 프린스턴대 졸업 축사에서 이렇게 말했다.

"재능보다 중요한 건 선택이다."

아마존을 설립하고 이끌어 오는 동안 수많은 선택의 순간들을 맞이했는데, 그때마다 '후회최소화 프레임워크'를 따랐다고 했다. 이 프레임은 간단하다. 지금 선택의 기로에 있는 것들을 하나씩 적는다. 그리고 아래의 질문을 던지며 그를 상상해본다.

"80세가 되어 인생을 돌아본다면,
이 선택으로 얼마나 후회할까?"

나이 먹어서 후회가 가장 적을 일을 선택한다는 건, 시야를 확장하는 효과가 있다. 당장의 이익이나 손해가 아니라, 장기적으로 봤을 때 내가 치루게 될 기회비용이 무엇인지 생각하게 된다. 그렇게 되면 조금 다른 선택을 할 수 있다. 제프 베조스는 이 프레임이 중요한 결정을 극도로 쉽게 만들어주었다고 고백한다.

_선택은 결국 포기를 감당하는 일

보통 선택이라고 하면 내가 무엇을 얻을까를 따지는 일이라고 여긴다. 하지만 선택에서 정말 중요한 건, 내가 무엇을 포기할 수 있는지를 아는 일이다.

아는 친구가 여행 스타트업을 이끌고 있다. 어느 날 그 친구에게 "자기 길을 만들어 가는 건 어떤 느낌이냐?" 물은 적이 있었다. 그 친구는 "고난과 고통, 어려움의 연속"이라고 답했다. 예상되는 답변. 그러면 좋은 점은 뭐냐고 묻자, 조금 생각해보더니 씩, 웃으며 이렇게 답했다. "남들과 비교당하지 않는다."

어느 길을 선택하든 포기해버린 것을 감당할 수 있다면, 얻은 것의 만족감이 더 크다면 좋은 선택이라고 할 수 있다. 친구는 독자적인 삶을 위해 어느 정도의 고생은 감내하고 있다.

결정은 언제나 쉽지 않기에, 선택의 순간마다 방향을 잡아주는 질문들을 모아 참고하고 있다. 다음은 그중 하나로, 필요할 때 한 번씩 물어보면 도움이 된다.

- 이 선택은 나를 미래로 이끄는가, 과거에 매달리게 하는가?
- 이 선택은 내 꿈을 위한 것인가, 당장의 만족을 위한 것인가?
- 이 선택으로 나는 스스로 서려고 하는가, 아니면 다른 누군가를 기쁘게 하려고 하는가?
- 이 상황을 성장의 계기로 삼을 것인가, 아니면 스스로를 괴롭

히는 데 이용할 것인가?
- 이 선택은 나를 사랑하는 행동인가, 아니면 자기 파괴적인 행동인가?

―데비 포드, ≪질문에 답할 수 있다면 내 삶은 괜찮은 것이다≫ 중에서

참고로, '미래를 위한 질문'도 소개한다. 몇 권의 책에서 뽑아 모은 것들인데, 습관적으로 물어보면 좋을 탐색질문들이다. 나는 책상머리에 붙여두고 수시로 보고 있다.

- 실패하지 않는다면, 감히 꿈꿀 단 하나의 일은 무엇일까?
- 1년 안에 꼭 해야 하는, 재밌고 중요한 일은 무엇인가?
- 지금 가는 방향에서 딱 한가지를 바꿀 수 있다면, 무엇을 바꾸고 싶은가?
- 10년 뒤 지금 나를 돌아본다면, 어떤 점을 자랑스럽게 혹은 고맙게 생각할까?
- 지금 불가능해 보이는 것 중에서, 앞날에 정말 도움이 되는 건 무엇인가? 어떻게 하면 그를 가능하게 할 수 있을까?
- 내년 이맘때 어디에서 무엇을 하고 있으면 좋을까?

좋은 인생을 살기 위해선 먼저 좋은 질문을 던져야 한다. 어설픈 답을 찾기보다, 먼저 좋은 질문을 던지기. 내 화두다.

"깨달음을 주는 것은 대답이 아니라, 질문이다."

- 외젠 이오네스코, 프랑스 작가

1년 3모작 인생, 나는 언제 행복한가?
🌿 자신만의 행복 기준 만들기

"다음 휴가까지 며칠 남았는지 날짜만 세지 말고,
탈출하지 않아도 될 인생을 만드는 게 낫지 않을까?"

세계적인 마케팅 구루로 불리는 세스 고딘(Seth Godin)의 위 말을 듣고 피가 끓었다. 탈출하지 않아도 될 인생은 대체 무엇일까?

_길 위의 수집가

아르헨티나를 여행하다, 제니(Jenny)라는 영국 아줌마를 만났다. 으레 그렇듯 제니는 내게 왜 여행을 시작했는지 물어왔다. 왜 여행을 시작했고 어떻게 하고 있는지 한참을 주절거렸다. 그걸 다 듣고 난 뒤 제니가 말했다.

"그럼 네 여행은 리서치(research)구나."

맞다. 내 여행은 리서치였어, 새삼 내가 하고 있는 여행의 의미가 보였다. 나는 일 년 넘도록 세계를 돌아다니며, 앞으로 어떻게 살지, 내 길로 어떻게 갈 것인지 삶의 정보를 긁어모으는 중이었다. 내 길을 찾아 나선 탐험가이자 길 위의 수집가, 그게 나였다. 길을 나선 건, 하나의 물음 때문이었다.

어떻게 살아야 할까?

그리고 내가 얻고자 했던 건 단 하나,
'내가 어떻게 살지 스스로 기준을 만드는 힘'이었다.

_"나 김치찌개 진짜 좋아해"

2012년 세계여행을 시작해 1년 반 넘게 세계를 돌아다녔다. 아시아-아프리카-유럽을 거쳐 여행자들의 로망이라 불리는 남미로 들어갔다. 아르헨티나의 수도 부에노스아이레스를 거쳐 코르도바에 막 도착했을 때였다.

코르도바는 아르헨티나 제2의 도시로, 와인 산지로 유명하다. 나는 미리 예약해둔 여행자 숙소에 들어가 체크인을 했다. 체크인을 도와주던 숙소 주인장이 내 여권에서 '꼬레안'를 확인하더니, 다짜고짜 내게 김치찌개를 좋아한다고 고백해왔다.

그의 이름은 갤(Gal), 이스라엘 사람이었다. 그와 그렇게 말을 트게 되었다. 하루는 아침을 먹는데 갤이 쓱~다가오더니, 은밀히 말을 건넸다.

"이 근방에 진짜 잘하는 코리안 레스토랑이 있어. 같이 안 갈래?"

갤이 알려준 한국음식점은 숙소에서 멀지 않았다. 갤은 앞장서서 골목 몇 개를 꺾어 들어가더니 간판도 없는 어느 건물에 섰다. 그리곤 쿵쿵쿵, 문을 두드리기 시작했다. '뭐야, 간판도 없고 문도 잠겨 있는데… 설마 여기가 식당이겠어?' 하는데, '덜커덩' 문이 열렸다. 좁은 복도를 지나 안에 들어가자, 테이블 네댓 개가 세팅된 식당이 나왔다. 모르는 사람은 절대 갈 수 없는 비밀스런 곳에 지령을 받아야만 들어갈 수 있는 곳이라… ㅎㅎ 재밌는 곳이었다.

메뉴판에는 웬만한 한국 음식들이 다 있었다. 나는 갈비찜을, 갤은 김치찌개를 두고 망설이다 순두부찌개를 시켰다. 비밀식당의 음식 맛은 정말 좋았는데, 특히 계란말이가 압권이었다. 우리 둘은 합세하여 모든 반찬을 올킬 시켰다.

_1년 3모작 인생

갤은 이야기를 나눠볼수록 흥미로운 인물이었다. 남들과는 조금 다른 생활리듬을 갖고 있었는데, 1년을 3모작하며 살았다. 그는 일 년을 셋으로 쪼개, 넉 달은 남미에서 호스텔을 운영하고, 또 넉 달은 동남 아시아에 머물며 온라인으로 관광업을 하고, 나머지 넉 달은 유럽에서 주스바를 운영하며 지냈다.

당시 나는 그렇게 돌아다니면서, 아니 몇 개월씩 쪼개서 살아갈 수 있다는 걸 상상도 못 해봤다. 여행이면 여행, 외국 생활이면 외국 생활, 한국이면 한국. 그렇게 무 자르듯 살아야 하는 걸로만 알았다. 그런데 몇 개월씩 나눠서 돌아다니면서 일하고 살 수 있다고? 벼농사도 아니고 인생을 1년 3모작 하듯 꾸려가는 그의 사고방식이 신선하고 놀라웠다. 갤은 순두부찌개를 아주 맛있게 떠먹으며 말했다.

"난 있잖아, 다른 사람들처럼 한 군데서 사는 것보다 세계를 돌아다니며 살아가는 게 훨씬 잘 맞아. 정착해서 살 수도 있지만, 이렇게 살아가는 게 정말 좋아."

그처럼 명확히 자신의 행복 기준을 말하는 사람은 처음 보았다. 또 한 번의 신선한 충격이었다.

_나는 언제 행복한가?

영어로 '행복(happy)'의 어원은 '우연히 발생하다(happ-)'에서 왔다고 한다. 그만큼 행복이 매우 주관적이라는 말인데, 하버

드대에서 행복학을 가르치는 탈 벤 샤하르(Tal Ben-Shahar) 교수도 마찬가지다. 그는 행복을 "즐거움과 의미가 공존하는 주관적인 감정"으로 정의한다. 다시 말해 사람마다 행복하다는 게 너무나 다르기 때문에 알아서 잘 찾아야 한다는 말이다. ㅎㅎ 갤을 보면서도 느꼈지만 결국 '나는 언제 행복한가' 이 질문에 대한 답이 곧 나의 라이프스타일을 결정하는 데 지대한 영향을 미친다.

3년 넘게 세계를 돌아다니며 사람들이 살아가는 방식을 관찰해왔다. 다른, 다양한 방식으로 살아가는 사람들을 보는 게 좋았다. 9년 동안 여행한 남자도 있었고, 19살 때부터 전 세계를 다니며 자기 살 땅을 고르던 청년도 봤다. 일 년에 2~3개월씩 7년 넘게 여행하는 50대 아주머니도 보았다. 그들은 한곳에 안주하지 않고 끊임없이 이동하고, 도전하고, 실험했다. 왜?

"난 그게 좋거든!"

내가 그걸 좋아하니까. 그렇게 살면 행복하거든. 이 한마디로 끝! 이러쿵저러쿵 이유 대고 변명할 것도 없다. 그냥, 내가, 그걸 좋아해. 내가 발견한 행복한 이들의 공통점은, 자신이 언제 행복한지를 알고 있었다. 그리고 그에 따라 살았다. 굉장히 심플했다.

라이프스타일이라는 것도 그 주체가 '행복한가, 자신의 삶에

만족하는가'가 관건. 나머지는 부수적인 것들일 뿐이다.
행복이 이르는 길은 하나가 아니었다. 그러니 '이렇게 살아라'가 아닌, '이렇게 살 수도 있다'는 관점이 더욱 필요하다.

"한 가지 성공밖에 없다.
자신의 인생을 자기 식대로 사는 것."

-막시무스, ≪지구에서 인간으로 유쾌하게 사는 법≫ 중에서

내 미래,를 만나는 법
🌿 나답게 산다는 게 어떤 건지 보여준 한 사람

인생이라는 긴 여정에서 가끔은 누군가 이렇게 살아보라고 알려주면 좋겠다, 간절히 바랄 때가 있다. 어디로 가야 할지 더 이상 알 수 없을 때, 진짜 원하는 게 뭔지 헷갈릴 때, 짜잔 하고 다가와 길을 열어주는 것이다.

_ 내가 만난 사람 중에 미래가 있다

"귀자야, 이거 꼭 한번 읽어봐. 7명이 자기만의 점괘를 찾아가는 건데, 진짜 재밌어."

대학 2학년 때였다. 무더운 여름 날, 도서관 가는 길에 친구가 이상한 제목을 가진 책을 추천해줬다. ≪사자같이 젊은 놈들≫이란 책이었다. 7명의 20대 젊은이가 각자의 방식으로 자신을 찾아가는 이야기였다. 단숨에 책을 읽고, 단박에 반해버렸다. 7개의 다 다른 이야기였지만, 모두가 나의 이야기인 신기한 책이었다. 지금껏 읽어왔던 책 가운데 가장 나와 가깝다고 느꼈다. 저자가 혹시 나를 알고 쓴 이야기는 아닐까? 그만큼 내가 고민하던 많은 것들이 녹아 있었다. 심지어, 내가 성공이란 단어에 홀려 바닥에 내동댕이쳐졌을 때, 책에 이런 말이 있었다.

"자기가 사는 대로 사는 것이 성공이라는 걸 알게 되었다. 세상을 만들어 가며 사는 것, 이것이 모든 비범함의 특성이라는 사실을 이해하게 되었다. 자기 자신이 된다는 것, 인류의 아주 특별한 한 사람으로 남는다는 것이야말로 범상치 않은 일이 잖습니까?"

나는 작가의 다른 책들도 찾아보기 시작했다. ≪낯선 것과의 결별≫, ≪그대, 스스로를 고용하라≫, ≪나, 구본형의 변화 이야기≫ 등, 그의 책을 읽으면 읽을수록 가슴이 뛰었다. 내 미래를 누군가가 재현하는 느낌이었다. 젊은 시절에 만나는 사람 중 미래의 내 모습이 있다는 말을 들었는데, 나는 그가 내 미래의 모습이라는 것을 직감했다.

'이 사람을 만나야 한다.'

§ '사부'에 부쳐
그의 이름은 구본형. 세상은 그를 변화경영사상가라 불렀지만 나는 그를 처음 볼 때부터 사부라 불렀다. 그냥 직감 같은 것이었다. 왜 내가 그를 그렇게 불렀는지는 훗날에 알았다. 무술인들은 자신의 목숨을 걸고 수련할 무공을 전수해주는 이를 사부라 부른다. 스승의 높임말이다. 사부는 가르침을 전하는 것을 넘어서, 삶 전반에 걸쳐 영향을 끼친 사람이다. 구본형 사부는 나를 있는 그대로 온전히 이해해준 첫 번째 사람이었고, 자신이 평생을 두고 쌓아 올린 공력을 아낌없이 퍼주었던 사람이었다. 나는 그를 통해 수많은 가능성을 보았다. 인생의 문 하나를 열어준 사람이라면, 마땅히 사부라 불러야 하지 않겠는가!

_진정한 변화는 내가 되는 것

찾아보니, 〈구본형의 변화경영연구소〉라는 홈페이지가 있었다. 홈페이지를 들락거리며 그가 올려둔 글을 읽기 시작했다. 무엇보다 그곳에서 말하는 '변화'가 마음에 들었다. 변화란 본래의 나로 되돌아가는 것. 그래, 이거야말로 내가 찾던 진정한 변화다! 가슴이 또 뛰었다.

23살, 몸과 마음이 매우 고달픈 시절이었다. 이상과 현실의 갭은 너무 컸고, '내 안에 있는 것을 표현하고 싶다'는 열망은 가득했지만 정작 내 안에 뭐가 있는지 몰랐다. 그를 끄집어내기 위해선 할 수 있는 한, 모든 걸 경험하는 수밖에 없다고 생각했다. 남다른 행동력 덕분에 많은 걸 하긴 했지만, 늘 좌충우돌하는 생활이었다. 사람들은 나에게 방황이 너무 심하다며 그렇게 살면 뭣도 안 된다고 했다. 그때마다 마음이 흔들흔들했다. '정말 내가 잘못된 생각을 하는 걸까? 내가 잘못 가고 있는 걸까?' 고민하다 사부에게 처음으로 이메일을 썼는데, 이런 답을 주었다.

"이것저것 안 해 본 일 없이 살았다는 것은 좋은 시도와 모색인 셈입니다. 그걸 경제적으로 해석하면 이 일 저 일 닥치는 대로 했다는 뜻이지만 자신을 실험 하는 데는 이만한 방법이 또 없어요. 문제는 이 직업의 전환을 경제적 측면에서만 보았기 때문에 마땅한 직업 없이 떠도는 자신을 좋아하지 않은 것일지도 모르지요. 그러나 유목의 장점은 여행입니다. 직업여행 - 이건 자신을 찾는 가장 고전적이고 확실한 방법입니다. 돈벌이 말고 직업여행이라 부르세요. 그래서 한번 삶을 바칠 만한 길 하나를 찾아 내세요."

자신을, 삶을 바칠 만한 길 하나를 찾아내는 겁니다.

읽는데 또 가슴이 뛰었다. 사부는 말과 글로 사람의 마음을 들었다 놨다 하는 재주를 가지고 있었다. 스스로를 못마땅해하는 나에게 사부는 무공초식을 하나 더 일러주었다.

"흔들림 없이 철학이 만들어지지 않아요. 갈등을 겪고, 다시 생각하고, 깨달음을 얻고 매진하고, 또 시달리고 그리고 다시 정신 차리고 하여 자신의 철학이 만들어지는 것입니다. 예전에 나는 내가 중요하다고 여기는 것과 세상이 중요하다고 여기는 것 사이에서 갈등하는 나를 싫어했습니다. 그러나 지금은 갈등을 즐겨요. 그게 재미있어요. 흔들림을 두려워하지 마세요. 그건 자기 원칙을 가지기 위한 강화 과정이니까요."

_가슴을 열고 욕망이 흐르는 대로

2006년 봄, 구본형 사부가 운영하는 〈변화경영연구소〉의 연구원이 되었다. 벚꽃이 지천으로 흩날리는 남해 바닷가, 연구원 첫 모임에서 사부는 이런 말을 해주었다.

"자신이 어떤 사람인지 알아내라. 무슨 일을 하던 자신에 맞는 방식을 찾아내는 사람만이 차별적 가치를 만들어 낼 수 있다. 자신만의 유일함을 가지지 못하면 대중 속에 묻히고 만다. 지금은 별들의 시대다. 자신을 재료로 신화를 만들어야 하는 작은 영웅들의 시대다. 소시민의 울타리에 갇히지 마라."

바야흐로 내 생애, 가장 재미난 연구가 시작되고 있었다. 연구원 생활에 있어 정해진 규칙은 없었다. 연구주제는 '나'이며, 자신이 가장 잘 즐길 수 있는 방법으로 하면 된다. 이 놀이의 가장 기초는 '자신을 구원하는 것'. 구본형 변화경영 연구원이었던 1년은 스스로를 마음껏 꽃피울 수 있었던, 내 인생 첫 번째 르네상스였다. 사람들은 천방지축 뛰어다니는 나를 보며 혀를 끌끌 찼지만, 사부는 나를 온전히 이해해주었다. 누군가 나를 알아준다는 느낌이 그렇게 신날 수 없었다. 처음으로 내 본색을 드러내도 괜찮겠다는 용기를 얻었다.

"가슴을 열고 욕망이 흐르게 하라. 생긴 대로 살아가야 한다. 타고난 자연스러움으로 나를 표현해야 한다."

그렇게 말하고, 그렇게 살아가는 사부를 닮고 싶었다. 내 삶을 꽃피우고 싶었고, 내가 가진 것들을 모조리 꺼내어 쓰고 싶었다. 그게 내 최대 꿈이자 소망이었다. 사부를 만나, 비로소 내 안에 감춰져 있던 온갖 피비린내 나는 것들이 펄떡이며 드러나기 시작했다. 날마다 색다른 실험이 떠올라 몸이 들썩거리는 걸 참기 어려웠다.

뭐가 진정 내 것인지, 어떻게 나와 어울리는지 알 수 없었기에 무엇이라도 해보기 시작했다. 관심 가는 분야라면 망설이지 않고 다 좇아갔다. 직접 해보면서 내 가슴이 무엇을 느끼는지 알고 싶었다. 밤을 새워 공부하고 글 쓰고, 사람들을 만나고, 여행하고, 일하고… 잠도 제대로 못 잘 만큼 바빴지만, 피곤한 줄 몰랐다. 모든 게 그저 신났다.

_자신이 어떤 사람인지 알아내라

대학을 졸업했을 때, 사부는 졸업선물로 다음 글을 주었다.
"귀자야, 축하한다. 너는 다른 사람들이 쉽게 할 수 없는 일을 실천할 수 있는 사람이다. 세계를 걸으며 가장 아름다운 이야기를 수집할 수도 있고, 스스로 감동적인 이야기를 만들어 낼 수도 있는 사람이다. 너에게는 한국이 작을 것이다. 본 것을 기록하고 들은 것을 적고 네가 만난 사람들의 이야기를 전해라. 평범한 사람들의 위대한 이야기들을 들려주도록 해라."

신화학자인 조셉 캠벨은 진짜 자기를 찾기 위해서 영적인 지도자나 스승을 따르라고 말한다. 좋은 스승은 조언할 뿐 명령하지 않는다. 제자가 하는 것을 보며 무엇이 가능한가를 알아낸다. 사부는 말을 많이 하지 않았다. 스스로 보여주었고, 필요할 때 적절한 기회를 주었다.

내가 무엇을 잘 할 수 있을까 고민하고 있을 때, 사부는 '평범한 이들의 강점발견법'이라는 프로젝트에 내가 참여할 기회를 주었다. 덕분에 나는 대학생 때 다른 쟁쟁한 선배연구원들과 함께 ≪나는 무엇을 잘할 수 있는가≫ 책을 공동 집필할 수 있었다. 또 회사에 갓 들어가 어렵사리 사회생활 하고 있을 때, 사부는 '신명 나는 회사생활 프로젝트'에 내가 참가할 수 있게 기회를 주었다. ≪회사가 나를 미치게 할 때 알아야 할 31가지≫ 책도 그렇게 해서 나왔다. 언제나 나는 가장 어린 필진이었고, 경험도 부족했지만 사부는 기꺼이 기회를 주었다. 그래야 성장한다고 믿은 모양이었다.

'가장 젊은이다운 젊은이', '바람의 보헤미안', '꿈자루'… 나의 많은 수식어들이 사부에게서 왔다. 내 생명은 부모님에게 받았지만, 거기에 숨결을 불어 넣은 건 사부였다. 그를 만나고 나서 나는 비로소 '나'로 깨어날 수 있었다.

_ 네가 삶을 발견하고 살아라

사람들이 종종 '네 방식은 틀렸어. 이렇게 해봐.'라고 청하지 않은 충고를 해주곤 했다. 고마운 일이었지만 계속되는 잔소리에 지친 나머지 사부에게 푸념했다. "아니, 제 인생인데, 제가 뭘 하든 그걸 두고 다른 사람들이 '니가 옳아, 혹은 잘못 됐어.'라고 말할 수 있는 건가요?" 사부는 내게 딱 한 마디를 해주었다.

"없다. 네가 네 삶을 발견하고 살아라."

그런 사부가, 내가 세계를 홀로 여행하고 있을 때, 홀연히 이곳 지구여행을 끝마쳤다. 때문에 사부의 마지막 모습을 보지 못했다. 지구 반대편에서 나는 이메일을 통해 사부의 마지막 임종 소식을 전해 들었다. 그 즈음 몹시 아팠는데, 거의 열흘 동안 아무것도 먹지 못하고 끙끙 앓았다. 살면서 가장 아프고, 가장 슬펐던 시기였다. 나를 고함질러 응원해주던 사부가 더 이상 세상에 존재하지 않는다는 게 실감 나지 않았다. 사부는 내게 당부했다.

"누구의 말보다, 스스로 삶을 발견하고 살아야 한다. 남들의 인정도 중요하지만, 멀리 가려면 스스로를 격려하면서 갈 수 있어야 한다. 남들의 격려 없이 홀로 갈 수 있어야 한다. 아무도 없이 홀로 갈 수 있어야 한다. 그래야 멀리 갈 수 있다."

그 말을 기억해내고, 다시 일어나 앉았다. 그래, 누가 뭐래도 내 안에 사부가 살아 숨 쉬고 있으니 괜찮다, 사부처럼 나 역시 내 삶을 활짝 꽃피울 것이다, 그를 보여드리리라, 다짐했다.

_나의 미래를 만난다는 것

좋은 스승을 만난다는 건, 생명을 얻는 것만큼이나 귀한 일이다. 젊은 시절, 내가 살고픈 미래를 보여줄 수 있는 이를 만난다는 게 얼마나 큰 행운인지 뒤늦게 알았다. 나와 같은 기질을 가진 사람이 어떻게 자신을 꽃피워갔는지, 바로 곁에서 지켜보는 행운을 누렸다. 수많은 이들의 가슴에 변화의 불씨를 지펴주는 사부를 보며, 나도 누군가에게 그런 사람이 되기를 꿈꿨다.

내가 나를 믿지 못할 때도, 그는 나를 믿어주었다. 내 안에도 빛나는 무엇이 있다는 걸, 그는 굳게 믿어주었다. 사부는 나답게 살아가는 것이 가장 훌륭한 변화이자 여행이라는 것을 자신의 삶으로 보여주었다. 나는 그가 똑같이 평범한 사람으로

서, '나에게로 가는 특별한 여정'을 보여준 것이 참 고맙다. 사부는 이제 물리적으로 곁에 없지만 그가 보여준 말과 행동은 시간이 갈수록 내 안에서 짙어지고 있다. 그는 수년 전, 나에 대한 예언을 남겼다.

"그녀는 앞으로도 자기가 살아 있다는 것을 수없이 확인하고 증명해 보일 것입니다. 이 아이의 가슴에는 순치되지 않은 싱싱한 '날 것'이 있습니다. 죽일 수 없는 젊음이 있어요. 그녀에겐 꿈이 있습니다. 그리고 결코 그 꿈을 포기하지 않을 것입니다. 나는 믿습니다. 무엇이 되든 결국 그녀는 '그녀'가 될 것이고 자신의 삶을 모험처럼 즐기게 될 것이라는 것을 말입니다."

사부와 나는 많은 것이 달랐지만 기질이나 성향이 무척 비슷했다. 사부는 우리가 "마치 줄기세포를 공유한 것처럼 비슷하다."고 말한 적이 있다. 우리 같은 사람들은 가슴에 불덩이가 있어서 세상이 만들어준 대로 살 수 없다. 오히려 원하는 세상을 만드는 편이 쉬울지 모른다. 사부가 그랬던 것처럼 언젠가 나도 나의 세상 하나를 만들게 될 것이다. 그리고 나와 비슷한 꿈을 꾸는 사람들을 모을 것이다. 그리고 뭐가 됐든, 나대로 잘 살게 될 것이다.

나대로 활짝 피어 아름다움을 한껏 뽐내는 것,
나 역시 이것이 인생의 유일한 의무이자 성공이라고 믿는다

"스스로 자신을 사로잡아라.

자신을 놀라운 존재로 인식하라.

자신에 대해 탐구하라.

세상을 살며 자신을 아름답게 다듬어 가는 것보다 큰일은 없다.

자신이야말로 가장 크고 원대한 평생의 도전이다.

'나'를 아름다운 작품으로 만들어 가라.

언젠가는 너의 꽃이 활짝 필 것이다."

- 구본형

"항상 자신의 안전망 안에만 머무르려 한다면
진짜 새로운 일은 할 수 없습니다.
혼란도 느끼고 갈팡질팡하고
자신이 어리석다고도 여겨야 합니다.
그래야 틀 밖으로 나갈 수 있고,
새로운 세상을 발견할 수 있어요.
우린 그걸 탐험이라 부릅니다."

- 미국의 전설적 탐험가 '루이스'와 '클라크'

5

새로운 시작?
스스로 격려할 때
멀리 갈 수 있다

Life Adventure

쉬울 필요 없어요. 가능하기만 하면
🍃 새로운 도전을 앞두고 있다면

베서니 해밀턴은 서핑을 친구 삼아 꿈 삼아 살아가는 서핑소녀다. 가족이 모두 서퍼인 집안에 태어나, 어릴 때부터 바다와 함께 놀고 바다에서 자라났다. 재능과 열정을 갖춘 서핑계의 별인 베서니에게, 서핑은 그녀의 열정이자, 그녀가 살아가는 길이다.

여느 날처럼 서핑하던 어느 날, 베서니는 상어의 공격을 받아 왼팔을 잃어버린다. 너무 많은 출혈로 살아남은 게 기적이라 할 만큼 큰 사고였다. 하지만 베서니의 나이 고작 13살, 목숨은 건졌지만 현실을 받아들일 수가 없다. 꿈과 인생을 통째 잃어버린 듯한 고통 속에서 그녀가 할 수 있는 건 신을 원망하는 일뿐이었다. 자신에게 왜 이런 일이 생겼는지, 이게 어떻게 신의 계획인지 이해할 수가 없다.

고통에도 불구하고, 베서니는 서핑에 대한 자신의 열정을 어찌할 수 없어 다시 재기를 결심한다. 딸의 재기를 지켜보던 아빠가 연습용 보드를 가리키며 이렇게 말한다.
"분명 쉽진 않을 거다. (It's not going to be easy.)"

베서니가 대답한다.
"쉬울 필요 없어요. 가능하기만 하면 돼요. (I don't need easy. I just need possible.)"

위는 '베서니 해밀턴'의 실화를 바탕으로 만들어진 영화 〈소울서퍼(Soul Surfer)〉(2011)의 한 장면이다. 서핑을 다시 시작한 그녀는 피나는 연습으로 한 팔로 서핑하는 법을 익힌다. 자신을 주저앉혔던 파도에 다시 한번 몸을 싣고, 파도와 하나가 된다.

"나는 인생도 서핑과 같다고 배웠다.
파도 부서지는 것에 빠지면 바로 다시 올라와야 한다.
파도 너머 무엇이 올지 절대 알 수 없기 때문이다.
그리고 믿음만 있다면 무엇이든 가능하다, 무엇이든."

새로운 시작을 앞둘 때면 나는 베서니를 떠올린다.
그러면 '쉬울 필요 없어요, 가능하기만 하면 돼요.' 그 말이 자동재생된다. 그래, 가능하기만 하면 된다.

내 인생의 마인드코치
🍃 스스로 격려할 때 멀리 갈 수 있다

세상에 '마인드코치'란 직업이 있다고 한다. 선수가 심리 컨디션을 최고로 유지할 수 있도록 도와주는 사람이다. 전 스케이팅 국가대표였던 김동성 선수 말에 따르면, 2000년대 쇼트트랙을 제패했던 안톤 오노(Anton Ohno) 선수에게는 이 마인드 코치가 항상 따라다녔다고 한다. 마인드 코치는 경기 전에는 '니가 최고다.'며 자신감을 북돋아 주고, 경기 결과가 나쁘면 '그래도 잘 했어. 오늘 출발이 정말 좋았어.'라고 격려하며 실패를 빨리 잊도록 도왔다. 그래서 감정에 빠지지 않고, 바로 다음 경기에 집중하게끔 도와주었다고 한다.

나는 이 얘기를 들으며 삼국지의 '조조'를 떠올렸다. 조조는 뛰어난 지략가이자 정치가로, 많은 싸움에서 이겼지만 또 많은 싸움에서 지기도 했다. 그는 적벽대전처럼 백만 대군을 잃은 싸움에서도 패한 것에 크게 연연하지 않고 실패를 인정하고 바로 다음 전투를 준비했다. 진 싸움은 빨리 떨쳐버리고 다음 전투에서 어떻게 이길까에만 집중하는 데, 조조의 힘이 있었다.

나는 이와 정반대다. 실수하거나 일이 잘못되면, 자책하고 '왜 안 됐을까' 분석하는 데 많은 에너지를 쏟았다. 심리적 부담 탓에 다음을 제대로 준비할 수 없었다. 실수에 연연해하는 나야말로 마인드 코치가 절실했다. 어떤 상황에서든 격려해주고, 할 수 있다고 믿어주고, 실패해도 괜찮다고 말해줄 수 있는 사람 말이다.

_ 스스로 격려할 수 있어야 멀리 갈 수 있단다

23살에 한 달간 포도 단식을 한 적이 있었다. 몸을 바꾸고 싶어 일주일 계획으로 시작했다. 그런데 이왕 하는 거 몸에 독소를 더 빼보라는 전문가의 권유에 어쩌다 보니 한 달을 하게 되었다. 긴 단식기간 동안 몇 번의 고비가 왔는데 9일째가 유독 힘들었다. 종일 몸이 좋아졌다 나빠졌다를 반복해 컨디션이 매우 좋지 않았다. 몸이 힘드니까 '내가 무슨 부귀영화를 보자고 이러나' 싶어 그만두고 싶었다. 그때 구본형 사부가 이런 말을 해주었다. 그는 이미 한 달간의 단식 경험이 있었다.

"격려 없이 홀로 갈 수 있어야 한다. 아무도 없이 홀로 갈 수 있어야 한다. 그래야 멀리 갈 수 있다. 나는 한 달 동안 멀리 갈 수 있는지 생각했다. 그것은 생각이라기 보다는 멀리 가기 위한 실습이었다. 다시 돌아가지 않기 위해서 조금 더, 한걸음이라도 더 어제와 멀어지려 했다. 그래야 돌아 갈 길이 끔찍해서라도 되돌아가기를 멈추고 길 없는 길로 나아갈 수 있으리라 생각했다. 얼마든지 더 할 수 있다는 생각이 들어 그 때 그만 두었다. 그리고 다시 옛날로 돌아 가지 않았다."

그 말을 듣고 나를 돌아보았다. 힘들 때면 스스로를 격려하기보다 비난하고 몰아세우는 쪽에 가까웠는데 그러다보니 제풀에 엎어지거나 그만두는 때가 종종 있었다. 만약 내가 스스로를 가혹하게 비판하는 대신, 힘내라고 용기를 줄 수 있다면 어떨까? 나를 격려해줄 마인드코치가 바로 '나'라면??

_성장에 필요한 건 자기비판이 아닌 '자기연민'

스탠포드대학에서 최초로 행복학 강의를 개설한 에마 세팔라(Emma Seppala) 교수는 대부분의 현대인이 자기 자신과 제대로 관계를 맺지 못한다고 말한다. 가혹한 비판과 비난은 오히려 마음을 불안하게 만들어 성과를 방해하는데, 많은 사람이 자신에게 '엄격'한 것을 자랑처럼 여긴다는 것이다. 어려서부터 스스로에게 가장 혹독한 '자기 비판자'가 되게끔 교육을 받기 때문이다.

에마 세팔라 교수는 성장하고 행복하기 위해선 '자기연민'이 필요하다고 말한다. 자기연민은 실수나 실패할 때 스스로에게 혹독한 비판을 가하는 대신, '괜찮아', '다음에 더 잘하면 돼'라고 말할 수 있는 능력이다. 실제로 자기연민을 실험한 결과, 옥시토신 호르몬이 분출되면서 그렇지 않았던 사람들에 비해 12% 높은 성과를 올린 것으로 나타났다. 그는 잠재력을 발휘하려면 자기연민을 가져야 한다고 강조한다.

위 연구를 보고, 아프리카의 바벰바 부족이 떠올랐다. 이들에겐 특별한 용서법이 있었다. 누군가 잘못하면 그를 광장에 불러 앉힌 뒤 모두가 그를 에워싼다. 돌아가며 그가 과거에 했던 선행 미담, 장점 등 칭찬을 쏟아낸다. 이런 '칭찬 샤워'는 위축된 이의 마음을 회복시켜 그가 가진 좋은 마음을 일깨워주었고, 다시금 일어설 용기를 주었다고 한다. 그들처럼, 실수할 때마다 비난 대신 칭찬을 퍼붓는 상상을 해보았다.

"괜찮아. 좋아하는 걸 충분히 했으면, 그걸로 됐어."
"예전에 네가 마음먹고 1등 한 거 기억나? 그때 다들 언빌리버블이라며, 놀랐잖아. 넌 정말 한다면 하는 친구야!"
"발톱 빠지고도 포기 않고 끝까지 갔던 거 기억나? 네가 어려움을 겪고도 해낸 건 정말 대단했어, 진짜 자랑스러워!"

생각만으로도 기분이 좋아졌다. 앞으로 힘 빠지고, 자신감이 바닥이 나는 날이면, 이렇게 말해줄 참이다.

"네가 선택한 길이 쉽지 않다는 건 알아. 하지만 넌 지금 네 인생을 살아보기 위해 이렇게 하고 있잖아! 그건 정말 대단한 거라고. 어떤 길을 걸어가든, 어떤 선택을 하든 널 믿고 힘껏 응원할게. 너의 용기를 아주 칭찬해."

이제, 당신을 내 마인드 코치로 임명합니다!

인생이 잘 안 풀릴 땐, 셀프만트라를!
현실을 만드는 자기대화의 힘

'한번 입 밖으로 나간 말은 절대로 다시 잡을 수 없다.'라는 러시아 속담이 있다. 그만큼 내가 내뱉는 말이 중요하다는 뜻이다. 말에는 자기암시기능이 있어서 계속해서 같은 말을 하면, 그 자체가 암묵적인 지시나 신호체계가 되어 잠재의식 속에 입력된다. 그래서 말은 구체화된 우주의 힘이란 얘기가 있다.

많은 자기계발서에서 '긍정적인 말을 되뇌어라.' '하루 백 번씩 나는 성공할 수 있다.'고 말하라는 이유가 여기에 있다. 긍정적인 말은 내면을 변화시키는 자극이 된다. 이런 자기암시를 활용하는 방법에 셀프토크(Self-talk) 기법이 있다. 여기엔 생각보다 더 큰 비밀이 숨겨져 있는데, 어떤 말로 자신을 채우느냐에 따라 어떤 사람이 되는지 결정될 수 있기 때문이다.

_자기대화가 내 현실을 만든다

셀프토크는 자기자신과 대화하는 것으로, 쉽게 말하면 '스스로에게 하는 말'이다. 혼자 말하기, 자기대화, 일기 쓰기, 침묵대화(내면대화, Inner dialog) 등이 모두 포함된다. 셀프토크가 중요한 건, 내면언어가 바로 그 사람의 자아상을 만들기 때문이다. 셀프토크를 통해 그 사람은 자신을 '할 수 있는 사람 vs 할 수 없는 사람', '괜찮은 사람 vs 부족한 사람'으로 만들어간다. 실제의 내가 어떤가는 상관없다. 스스로가 그렇게 인식하고 말하면 그건 그 사람의 자아상이 된다. 자아상은 그 사람의 현실을 구성하여, 실제로 그런 현실을 만들어낸다. 그러니 만약 현실이 개떡 같다면, 내가 나에게 어떤 말을 하고 있는지 먼저 돌아볼 필요가 있다.

너무 개떡 같은 하루를 보낸 어느 날, 내가 나에게 하는 말을 시험삼아 글로 옮겨보았다.

> 이런 멍청한 녀석을 봤나, 이것도 제대로 못 해? 이런 구제불능 새끼. 똑바로 안 하면 죽는다, 그러니까 제대로 하라고.

적고 보니 악담이 따로 없었다. 남에게는 절대 하지 않을 말들을 나에게는 거침없이 하고 있었다. 마녀도 아니고 내가 나에게 '잘못돼라, 망해라'고 주문을 걸고 있었던 셈. 제길슨.

_나를 격려해주는 셀프토크

심리학에서는 셀프토크를 자기치유기법으로도 사용한다. 단순히 대화하는 것만이 아니라, 과거의 부정적인 프로그램을 삭제하거나, 의식적으로 긍정적인 명령을 내려서 그것을 극복하는 방법으로 적극적으로 활용한다. "날마다, 모든 면에서 나는 점점 더 좋아지고 있다."는 에밀 쿠에(Emile Coue)의 자기암시처럼, 긍정적 셀프토크를 활용해 일어나길 바라는 일을 이야기하면 된다.

그동안 얼마나 나에게 악담을 퍼붓는 인지하면서 나를 응원해줄 긍정적인 말을 의식적으로 찾기 시작했다. 그런 말이 보이면 수첩에다 깨알같이 적어두고 실제로도 써먹었다. 어려운 일을 앞두면 "이까이꺼, 우습지. 난 생각보다 훨씬 강한 존재라고!"라고 말하고, 글을 쓰다가 잘 안되면, "내게는 졸작을 쓸 권리가 있지"라고 말하고 다시 쓴다. 그러면서 좌절에 빠져도 훨씬 더 빨리 나올 수 있게 되었다. 아래는 내가 모은 셀프만트라 중 효험이 있었던 것들이다.

> **상황별 도움 되는 만트라 8**
>
> ◇ 실수했을 때, "조금 실수한 거 가지고 머릿속을 복잡하게 만들지 마, 네가 좋아하는걸 최대한 많이 하면 그걸로 된 거야."
> ◇ 골치아파질 때, "아무것도 문제삼지 않으면, 어떤 것도 문제되지 않음."
> ◇ 일이 안 풀리고, 잘 모르겠을 때. "역시, 내가 귀여운 탓인가."
> ◇ 일이 꼬여갈 때, "대체 얼마나 재밌는 이야기가 되려고 이러나."

◇ 도전하기가 두려울 때, "어차피 한번은 죽는다."

◇ 혼자라고 느껴질 때, "우주가 내 편이다."

◇ 내 단점, 약점을 발견할 때, '야호!' 크게 한 번 외치기

◇ 기대가 부담스러울 때, "걍 과감히 실망시키고 내 할 거 하자."

아무 때고 힘이 되는 인생만트라 6

◇ 까짓, 한번 해보자

도전력을 100배 상승시켜주는 주문. "실수나 실패보다 중요한 건, 그를 통해서 무엇을 배우냐. 만약 실패했다면, 다른 방법을 찾으면 된다. 그러니 일단 끌리는 곳으로 가서 자신이 원하는 그것을 해보라."는 메시지를 준다.

◇ 안되면 말고

김어준 총수에게 배운, 밀어붙이기 주문. 할까 말까 망설여질 때, 주저할 때 마음의 짐을 덜고 훅~ 하고 밀어버릴 수 있는 힘이 실려 있다. 가끔 두려움이 생길 때, 이 주문을 외면 망설임 없이 나갈 수 있는 힘이 생겨난다.

◇ 그럼에도 불구하고

희망의 반전을 가져다주는, 반전의 주문. 지금은 힘들어도, '그럼에도 불구하고' 다음에는 더 좋아질 거란 반전의 힘이 숨어있다.

◇ 노 워리즈 No worries!

부정적인 마음에, 걱정을 덜어주고 한줄기 긍정성을 가져다 주는 주문. 인도에 노프라블럼(no problem)이 있다면, 호주엔 노 워리즈(no worries)가 있다. 노 워리즈. 모든 게 좋은 방향으로 흘러갈 거야, 걱정 마.

◇ 모든 걸 받아들여 Take Everything.

모든 걸 배움으로 바꿔주는 주문. 호주에서 만났던 할아버지가 해준 말로 "모든 경험을 받아들여. 니가 늘 배우려고 하고, 새로운 것을 찾아가는 한 엄청난 경험을 하게 될거야. 많은 경험들이 너에게 다가올거야."라는 뜻이 담겨있다.

◇ 마크툽, 미래를 기억해. 두려움 없이 당연하게 그 미래를 불러오렴.

문득, 앞날이 두려워질 때 외면 좋은 주문. 마크툽은 '이미 그렇게 기록되어 있다(It is written)'는 뜻의 아랍어다. 이미 정해져 있기 때문에 어떻게 되어갈지 걱정할 필요가 없고, 지금 여기서 내가 할 바를 다 하면 된다. 진인사대천명.

"인생의 25퍼센트는 자신을 찾는데 써라.
남은 75퍼센트는 자신을 만들어가는데 집중하라."

-팀 페리스, ≪지금 하지 않으면 언제 하겠는가≫ 중에서

제 장례식에 놀러오실래요?
🌿 진정 의미있게 살고 싶다면, 메멘토 모리

살면서 종종 길을 잃었다고 생각될 때가 있다. 그럴때면 나는 이전에 써둔 장례식 스피치(*장례식에 온 사람들에게 남기고싶은 말)를 꺼내 읽는다. 24살 때 처음으로 써봤는데, 쓰면서 눈이 통통 붓도록 울었다. 천년만년 잘 살 것만 같았는데, 갑자기 떠나려고 하니 발걸음이 떼지지 않았다. 아래는 그때 썼던 장례식 스피치 중 일부.

> 아버지는 말씀하셨죠. "멋지게 살아봐." 그러나 멋지다란 말, 너무 모호하네요. 난 얼마나 멋지게 보일까 남들 시선에 훨씬 많은 신경을 쓰며 살아왔는데, 그것도 멋진 게 되나요? 얼마 전에 본 영화 〈천하장사 마돈나〉가 떠오릅니다. 엄마는 여자가 되고 싶은 아들에게 이렇게 말하죠.
>
> "아들아, 나도 한때는 예뻤단다. 근데 남에게 예쁘게 보이고 멋

지게 보이는 건 아무것도 아니더라. 스스로 멋지게 살아볼 수 있다는 것, 그런 용기와 자신에 대한 애정이 있다는 것… 스스로 살고 싶은 삶은 만들어 가는 게 훨씬 멋있는 거야. 네가 가는 길이 절대 쉽지 않겠지만, 엄마가 앞으로 널 응원해줄게."
(중략)
24살 귀자는 아쉬움과 후회만 남긴 채 짧은 생을 마감합니다. 아, 지나온 시간들이 스쳐가지만, 아무것도 생각할 수 가 없습니다. 그녀가 묻습니다. 내가 좀 더 살았더라면, 내꿈으로 날아오를 수 있었을까? 아니면 여전히 걱정만 하며 삶을 낭비하고 있었을까? 제발 당장해버리세요. 무엇이든지 원하는 건 지금 해버리세요. 이 순간을 잡지 못하면 당신도 끝이에요. 죽음은… 노크 따윈 하지 않고 오니까요.

_당신은 일주일 안에 죽습니다

정말로 죽음을 앞둔다면, 그의 하루는 어떻게 달라질까? 그리고 그의 인생은…?

어느 정신병원에서 비밀리에 이런 모의실험이 행해졌다. 실험의 대상은 아리땁고 젊지만 무미건조한 삶을 견디지 못해 수면제 4통으로 우아한 자살을 택한, 그러나 미수에 끝나 정신병원으로 온 '베로니카'다. 의사는 재미없는 삶으로 다시 깨어난 그녀에게 남은 시간이 일주일뿐이라고 말해준다. 처음 그녀는 일주일 후엔 다시 죽을 수 있다는 사실에 안도한다.

그러나 그녀는 그 짧은 시간 동안, 너무나 많은걸 경험해버리게 된다. 죽음을 앞두게 되자, 그녀는 모든 가식된 예의범절에서 벗어나기 시작했다. 남의 시선보다는 자신의 감정에 충실했으며, 처음으로 자기에게 무례해졌고, 다른 이들에게 'NO'라고 말했으며, 사람들에게 화도 내었다. ~척, ~체 하지 않았다. 그러기엔 삶이 너무 짧았으므로. 무엇보다 죽음 앞에선 그모든 게 무용지물이었으니까. 자기에게서 예술의 혼을 보게 됐고, 사랑을 발견했다!

마침내 죽음을 몇 시간 앞두고 베로니카는 사랑에 빠진 같은 정신병동 환자와 탈출을 시도한다. 그리고 연인의 품에서 조용히 죽음을 맞이하려 한다… 버트! 죽기로 예정된 시간이 지났는데도 베로니카는 죽지 않았으며 멀쩡히 살아있는 게 아닌가. 그랬다. 실은 이 모든 게 정신병동 의사의 계획이었다. 〈죽음의 자각을 통한 정신적 효과〉에 대한 논문을 위해, 멀쩡한 베로니카에게 시한부 인생을 선고하고 그녀의 삶이 어떻게 바뀌려는지 관찰하려했던 것(본인이 알면 경칠 일!). 결과적으로 그녀는 완전히 바뀌었고, 주변인물까지 바꿔놓았다. 순수한 죽음의 자각을 통해 말이다.

위는 파올로 코엘료가 쓴 책 ≪베로니카, 죽기로 결심하다≫의 이야기다. 죽음으로 자신의 오늘을 바꿔버린 베로니카는 온몸으로 이렇게 말하고 있었다.

"남들의 시선을 위해 살기엔 생이 너무 짧아.
니 인생의 오르가즘을 느끼라구!"

_ 생각해보면 누구나 시한부 인생

생각해 보면 누구나 시한부 인생이다. 내가 지구에 천년 만년 사는 게 아니라, 언제고 죽을 수도 있다는 데 생각이 미치면 갑자기 정신이 번쩍 든다. 그리고 이런 질문을 던지게 된다.

이게 내가 진짜 원하는 삶이었나?
만약 내가 곧 죽는다 해도, 이렇게 살아갈까?
내가 진짜로 이루고 싶은 건 뭘까?

그런 질문들을 몇 번 던지고 나면 새로운 생각들이 떠오르기 시작한다. 누구를 탓하고 원망하는 대신, 내가 지금 여기에서 할 수 있는 것들에 집중하게 된다.

죽음을 생각할 때 또 좋은 점 하나는, '무엇이 중요한지' 본질을 다시 잡게 되는 것이다. 누구도 죽을 때 '내가 좀 더 심각했어야 했는데, 돈을 좀더 모았어야 했는데, 남들 기대에 더 부응했어야 했는데'라고 후회하지 않는다. 대신 미처 해보지 못한 일을 아쉬워하고, 더 많이 행동하지 못한 것을, 좀 더 즐겁게 살지 못한 걸 후회한다. 확실히 죽음은, 삶에서 강력한 내비게이션임이 틀림없다.

나는 소중한 것들을 잊지 않기 위해, 가끔 죽는 연습을 하기로 했다. 아래는 내가 종종 하고 있는 죽음을 맞이하는 연습이다.

- 주기적으로 유언장을 쓰기. (5년에 한 번 정도)
- 내 장례식을 상상하며 장례식 스피치 쓰기. (하고 싶을 때)
- 죽음에 관련된 책을 읽거나 영화보기. (추천영화: 〈라스트홀리데이〉, 〈어느 날 그녀에게 일어난 일〉)
- 공동묘지를 찾아가기. (서울 망우리 공동묘지를 즐겨 간다)

시인 존 휘티어(John Whittier)에 따르면, 말이나 글로 표현할 수 있는 모든 말 가운데 가장 슬픈 말은 '그렇게 될 수도 있었는데….' 이다. 그래서일까? 불교도들은 매일 어깨 위에 작은 새를 올려두고 이렇게 묻는다고 한다.

"오늘이 그날인가? 나는 준비가 되었나?
해야 할 일들을 제대로 하고 있나?
내가 원하는 그런 사람으로 살고 있나?"

오랫동안 고민한 끝에, 다음의 묘비명을 만들었다.

[전 세계를 내 집 삼아 잘 놀다간 이 - 귀한자식 김글리]
내 안에 있는 거 남김없이 쓰고, 누릴 것 다 누리고,
즐겁게 살다, 후련히 갑니다.
참, 잘 놀았다!

죽음의 끝에서 살아난 한 여자가
새로운 삶을 축하하며, 자신에게 말한다.

"다음번엔, 다르게 해보는거야.
더 많이 웃고, 더 많이 사랑하고
두려워하지 않고, 쫄지 않고, 이 삶을, 즐기는 거야.
인생은 숙제가 아니니까.
우리가 신경쓰며 살아가는 많은 것들 중에
정말로 신경쓸 건 별로 없다는 사실.
기억해, 시작이 아니라 끝이 중요하다는 걸."

- 영화 〈라스트 홀리데이〉(2006) 중에서

자유공화국을 선포합니다!
🌱 나를 위한, 나에 의한, 나의 세상 하나 만들기

언제고 내 세상 하나를 만들고 싶었다. 내가 법이고, 내 말이 진리가 되는 곳. 음화핫~ 그 좋은 걸 지금 당장, 바로 여기서 만들어 보기로 했다. 나만의 공화국 만들기!

국가를 세우는 건 생각보다 어렵지 않다. 일단 국가의 기본 3요소를 갖추면 된다. 3요소는 영토, 주권, 국민이다. 나만의 국가를 만들려면 아래 3단계를 따르면 된다.

첫째, 영토를 확립한다.
내 방을 공화국으로 수립한다. 영토 문제 끝.
(개인 방이 없다면, 책상 혹은 침대라도 괜찮다. 그것도 엄연히 공간 아닌가.)

둘째, 주권을 주장한다.
개인헌법과 인기(개인깃발)을 만든다. 개인헌법에는 내 철학과 가치관이 잘 녹아있어야 한다. 분량은 자유자재. A4 용지 한 장에서 책 한 권까지도 가능하다. 그리고 개인헌법에 기반한 나의 자유권을 만방에 선포한다. 요즘은 쉬워졌다. 그냥 SNS에서 올리면 된다. 평소에 관계를 잘 닦아두었다면, 몇 명은 '좋아요'를 눌러줄지도 모른다. 개인헌법의 좋은 점은 의무설정이 전혀 필요 없다는 점.

셋째, 국민을 모집한다.
가까운 친구 안되면 가족, 혹은 애완동물, 정 안되면 인형이라도 포섭하자. 그들에게 국민으로 동참할 것을 요구하고, 동의한다면 기념 딱지를 하나 붙여주자.

이렇게 3단계를 거치면 공화국이 하나 탄생한다. 나만의 공화국 만들기, 생각보다 쉽죠잉. 내친 김에 국가 이름과 상징도 정해봤다.

국가: 자유공화국 Republic of Freedom
군주: 글리 1세 (Glee I)
국가: Counting Stars (song by One Republic)
국장: 수리야 (Suriya, 영원한 태양)
국목: 히말라야 삼나무 (개잎갈나무: 잎을 갈지 않는 나무, 신의 나무)
용도: 다목적
분류: 마이크로네이션
국시: 무엇을 하든 참되고, 어디에 있건 주인이 돼라.

김글리 만세, 자유공화국 만세, 만만세!! ㅎㅎㅎ

사실 개인공화국 설립에 관해 선구자가 있었다. 영화로도 만들어진 ≪예스맨≫을 쓴 영국 작가, 대니 월리스(Danny Wallace)다. 그는 2005년 BBC2의 TV 시리즈 '나만의 국가를 만드는 방법(How to Start Your Own Country)'에 출연하여 자신만의 왕국을 만든다. 런던에 위치한 자신의 아파트를 독립 국가로 선언하고, 이름을 〈러블리 왕국(Kingdom of Lovely)〉으로 하고, 국민을 모집했다. 자신에게 '대니 1세'라고 칭호를 지어주고 스스로 왕위에 올랐다. 재밌는 친구 아닌가?

만약 아무도 내 뜻에 따라주지 않아서 서운하거나,
아무도 나를 이해해주지 않아서 아싸(아웃사이더)라고 느껴진다면, 자신만의 세상 하나를 만들기를 권한다. 무엇보다 재밌다.

자유공화국을 세운 기념으로 이참에 〈방황특별법〉을 공표하는 바다.

[방황특별법]
직업여부와 상관없이 자신의 길을 걷는데 게으름을 피우면, 3년 이하의 방황 또는 1년 이상의 자기성찰의 시간을 갖도록 규정함. 반발 시 자유공화국 국민 자격을 상실할 수 있음.

-시행: 2019년 12월 30일
-법률 제정 및 감찰처: 라이프아티스트 연맹
-시행국: 자유공화국 (Republic of Freedom)

"다른 사람들은 세상의 규칙을 따를지 몰라도
전 제 마음을 따르죠."

-영화〈코코〉(2017) 대사

진정한 용기란
🍃 내가 나일 수 있는 단 하나의 묘약

집 근처에 인왕산, 북한산이 있어서 산책하기가 아주 좋다. 거의 매일 아침 산책을 가는데, 봄이 되면 길가에 온갖 꽃들을 볼 수 있다. 연분홍 꽃, 붉은 꽃, 하얀꽃, 노란 꽃, 보라 꽃… 다채롭게 피어나는 꽃들을 보면 참 용기 있다는 생각이 든다.

꽃들은 자기가 어떤 모습이든, 피어나는 걸 두려워하지 않는다. 과연 필 수 있을까 없을까, 스스로를 의심하지도 않는다. 내가 얼마나 예쁘게 필까 걱정하지도 않고, 피었을 때 얼마나 가치가 있을까 재지도 않는다. 그뿐 아니라 꽃 핀 모습을 누가 과연 인정해줄까 염려하지도 않고, 얼마나 힘들게 폈는지 알아달라, 징징대지도 않는다.

그냥 때가 되면 할 수 있는 한 최선을 다해서 피어나고, 피어 있는 동안은 혼신의 힘을 다해 아름답게 존재한다. 누가 봐주든 안 봐주든 상관없다. 그러다 때가 되면 미련 없이 툭, 하고 떨어져 땅으로 돌아간다. 눈치보지 않고 찬란하게 꽃피우고, 때가 되면 담담하게 가기. 진짜, 쿨하지 않나? 꽃처럼만 용기 있게 살다가 미련 없이 가면, 정말 좋겠네. 정말 좋겠어.

매번 목숨을 걸고 경기를 해야 하는 투우 경기의 유명 투우사인 엘 코르도베스(El Cordobes)는 용기를 이렇게 말했다.
"용기란 자기 자신을 굳게 믿는 것이다. 그러나, 아무도 그것을 가르쳐주진 않는다."

용기를 뜻하는 영어 'courage'는 라틴어 'cor-'에 어원이 있다. 'cor-'는 내가 누구인지 말할 수 있는 것이라는 뜻. 그러니까 용기는 내가 누구인지 진심을 다해 말할 수 있는 것이다. 자신이 되기 위한 길은 매우 많은 용기가 필요한 여정이다. 나의 사부는 용기를 두고 이렇게 말했었다. "위험에 직면하는 것, 불안정을 감수하고 나아가는 것. 그것은 아무것도 보장해주지 않지만 인간이 성장하는 유일한 길"이라고.

만약 지금 용기가 부족하다고 느껴진다면….
아래의 성분을 참고해 '용기'를 복용해보시길.

♣ 용기의 구성성분
= 에라 모르겠다, 시발 4% + 되면 좋고 안되면 말고! 11%
+ 이만하면 괜찮다 20% + 어차피 누구라도 인생은 힘들다 65%

평범함을 특별함으로 바꾸는 힘, 자기 믿음

🌿 방황을 끝내는 힘

이런 말이 있다.

"나의 가장 큰 문제 혹은 결핍이 내가 나누어줄 수 있는 가장 큰 선물이 된다, 내면 작업을 한다면." 방송작가 트레이시 맥밀란(Tracy McMillan)이 한 말로, 나를 가장 고통스럽게 만든 것이 인생의 소중한 부분이 될 수 있다는 뜻이다.

_방황을 끝내는 힘은 어디에 있을까?

'퇴사학교'에서 어른들을 대상으로 〈방황학개론〉 수업을 할 때였다. 수강생 중 한 명이 내게 물었다. 그렇게 오랫동안 방황하셨는데, 언제 방황이 끝나는 걸 아나요?

방황이 끝나는 때라… 생각해보지 않은 질문이었는데, 문득 이런 말이 떠올랐다.

"음... 방황은 자기 확신이 있을 때 끝납니다. 자기 확신이 있으면 더 이상 길을 헤매지 않고 그냥 길을 가게 됩니다."

다시 생각해봐도 그 이상의 답은 없는 것 같다. 내가 어디로 가야 할지 '아는 때'가 아니라 그에 대한 '확신이 생길 때' 방황은 끝난다. 남은 건 그 길을 걸어가는 것뿐이니까. 나는 길을 몰라서 방황한 게 아니었다. 늘 하고 싶은 게 있었고, 어디로 가야 하는지 알고 있었다. 내 수첩과 일기장에는 늘 같은 말이, 같은 곳이 쓰여 있었으니까. 그런데 내가 방황했던 건 확신이 없어서였다. 그래서 세상에 묻고 다녔다.

이 길이 정말 맞는 걸까요?
나, 정말 이렇게 살아도 돼요?

_평범함을 특별함으로 바꾸는 힘, 자기 믿음

세계적으로 큰 인기를 얻었던 애니메이션 〈쿵푸팬더〉. 큰 인기를 모아 여러 시리즈로 나왔는데 내가 가장 좋아하는 시리즈는 단연코 1편이다. 주인공 '포'가 어떻게 진정한 쿵푸의 달인으로 변모해가는지가 핵심줄거리다.

포는 평화의 계곡에서 아버지와 함께 국숫집을 운영한다. 아버지는 포가 국수가문의 가업을 잇길 바라지만, 포의 꿈은 따로 있었다. 바로 쿵푸의 달인이 되는 것! 하지만 꿈과 현실의 괴리가 너무나 크다. 현실의 포는 엄청난 식탐을 자랑하는 배불뚝이. 쿵푸는커녕 제대로 뛸 수 있을까 싶은 몸매의 소유자다. 그래서 누구에게도 자신의 꿈을 말하지 못하는데…. 그러던 중 우연히 용의 전사를 선발하는 대회에 참가하게 되고, 덜컥 후계자로 선정되고 만다.

용의 전사가 되지만, 하지만 누구도 포를 인정하지 않는다. 심지어 포 자신도. 그러다 절대강자이자 파괴자인 '타이렁'이 감옥에 탈출하면서 일대 위기가 찾아온다. 포는 타이렁을 물리치기 위해 대대로 내려오는 전설의 무공비급인 '용의 문서'를 보기로 한다. 용문서를 차지하는 자는 절대 무림 고수로 거듭나게 된다는 전설이 있다. 용의 전사 자격으로 용문서를 펼쳐든 포. 그런데 놀랍게도 아무것도 없었다. 무공비급은 커녕 보이는 거라곤, 오직 거울처럼 반사되는 포 자신의 얼굴뿐.

포뿐 아니라 모두가 영문을 알 수 없어 했다. 포는 아무것도 할 수 없다는 생각에 낙심한 채로 집으로 돌아온다. 풀이 잔뜩 죽은 아들을 북돋아 주기 위해, 아버지는 그동안 비밀로 해온 국수의 비법을 알려주겠다고 한다. 포는 기대에 찬 얼굴로 비법을 기다리는데, 아버지가 머뭇거리다가 이렇게 말한다.

"비결은… 없어. 국물 맛의 비법 같은 건 애시당초 없었어. 뭔가 특별하게 만들려면 그저 특별하다고 믿으면 되거든."

포는 아버지의 농담 같은 진담에 깜짝 놀라고 만다.
"아니, 잠깐만요, 그럼 그냥 국물이란 말이에요? 특별한 재료나 소스를 안 넣었어요?"

"당연하지! 특별하게 만들려면 특별하다고 믿으면 되거든!"

그 순간 포는 용문서가 무엇을 의미하는지 깨닫게 된다. 진짜 고수가 되는 비법은 따로 있는 게 아니라, 내가 용의 전사라고 '믿으면 된다'는 것. 포는 그렇게 자신의 똥배에 숨겨진 '용의 전사 포스'를 일깨우고 만다. 그는 기존의 무사들과는 완전히 다른, 자신만의 방식으로 타이렁에 맞섰고 마침내 타이렁을 물리친다. 정말로 무적의 용의 전사로 계곡을 구해낸 것이다. 단지, 스스로 특별하다고 믿음으로써.

_스스로 가치 있다고 믿기

세상에는 두 부류의 사람이 있다고 한다. '스스로 가치 있다'고 믿는 사람과 '스스로 가치 없다'고 믿는 사람.

미국의 브레네 브라운(Brene Brown)교수는 6년 넘게 '수치심'을 연구하면서, '스스로 가치 있다'고 믿는 사람과 '스스로 가치 없다'고 믿는 사람의 차이를 밝혀냈다. 놀랍게도 둘 사이에는 단 하나의 차이만 있었다.
'스스로 가치 있다고 믿는 것', 그 뿐이었다.

오랜 방황 끝에 내가 알게 된 것도 같았다. 수많은 길을 걸어가보고, 수많은 사람들을 만난 뒤에야 내가 찾고자 하는 모든 것들이 내 안에 있었다는 걸 알게 됐다. 수없이 길을 헤매고서야 이런 나라도 괜찮다고 받아들일 용기를 얻게 됐다. 어떻게 살아야 할까? 줄기차게 물으며 걸어온 길 끝에 발견한 건, 우습게도 나 자신이었다. 그리고 그 길에서 나에 대한 확신을 차곡차곡 쌓아올렸다.

자기 확신을 나는 이렇게 정의한다.
누군가의 허락이나 동의를 구하는 대신 스스로 선택하고,
자신이 택한 바를 믿고 끝까지 밀고 나가는 힘이라고.

어떻게 살까, 어느 길을 갈까 무척 고민했다.
그런데 어느 길을 가도 괜찮겠더라고.
어떻게 살아도 괜찮겠더라고
스스로를 믿어주는 이 마음만 있으면,
어떤 길을 가더라도 그 길이 내 길이 될 것이고,
어떤 방식이든 내가 행복한 방식을 이뤄낼 테니까.

내 인생이, 갈수록 기대된다.

"세상에 당신보다 더 현명한 사람은 없다. 그러니 찾아 헤매지 마라.
당신의 삶을 가장 잘 아는 사람은 당신이다.
그러니 당신이 스스로 현명해지면 된다.
언제나 당신 스스로를 향해 걸어라.
스스로를 찾아가라."

- 나발 라비칸트, 벤처투자가

끄트머리에서. 내가 가는 길이 곧 내 길

길을 가다 보면, 문득 두려워질 때가 있습니다. 내가 길을 잃어버린 건 아닐까. 잘못 가고 있는 건 아닐까. 아예 목적지에 도착하지 못하는 건 아닐까... 그러다 문득 알게 되죠. 여행의 목적지가 바로 여행이라는 걸.

처음엔 길을 잃었다고 생각했어요. 그런데 알고 보니 새로운 길을 발견한 거였더라고요. 오랫동안 답을 찾아 헤매면서 답을 찾아 헤맨 길 자체가, 제 길이었음을 알게 됐습니다. 어디에 도착하는 건 중요하지 않았어요. 가는 곳마다 나를 던져놓고 모든 걸 경험해보는 것, 그 속에서 나를 발견하는 것, 그게 진짜 목적이었으니까요.

_어떻게 살까를 아는 건, 결국 내가 누구인지에 답하는 것

스탠포드 경영대학원은 학생들이 입학하면 가장 먼저

'CLV(Career Life Visioning)'이라고 하는 자아 성찰 워크숍을 듣게 한다고 합니다. 기업가는 인생의 주도권을 쥐고 '다름을 만들어가는 사람'인데, 그를 위해선 자기탐색이 먼저라는 거에요.

제가 나를 찾아 다니며 발견한 것도 같았습니다. 어떻게 살아야 할까? 살면서 무엇을 해야 할까? 위 질문에 답하기 위해서는, 결국 '내가 누구인지' 먼저 답할 수 있어야 하더라고요. 내가 누구인지를 안다는 건, 아주 간단하게 말하면 내가 언제 행복하고, 무엇을 잘하고, 무엇을 견딜 수 없으며, 무엇이 소중한지를 아는 일입니다.

_스스로를 믿는 시간

어떻게 보면, 제 방황의 시간은 자기 믿음을 가지기 위한 시간이었습니다. 이런 나도 괜찮을까? 라는 자기 회의를 나도 가능하구나, 나도 가능하구나! 라는 자기 확신으로 바꿔간 시간이었거든요. 마치 보물을 모으듯, 한땀 한땀 저에 대한 믿음을 모아갔습니다.

누군가 물어왔습니다. 만약 타임머신이 있어 예전으로 돌아간다면 내게 무슨 말이 해주고 싶냐고. 곰곰이 생각해봤는데, 이 말이 가장 좋을 것 같습니다.

"넌 네가 원하는 삶을 살 수 있고, 네가 원하는 길을 만들어갈 수 있어. 그냥, 널 믿어봐. 불확실하면 불확실한대로, 부족하면 부족한대로, 걍 거기서부터 시작하는 거야."

저에겐 이미 충분한 힘이 있었는데, 미처 몰랐습니다.
내가 나를 믿으면 세상이 나를 믿게 되고, 내가 나를 받아들이게 되면 온 세상이 나를 받아들이게 될 거라는 것도, 몰랐습니다. 모든 게 나로부터 시작된다는 걸, 나중에야 알았습니다.

_끝은 또 다른 시작

우리말에 '끄트머리'라는 단어가 있습니다. 이 말엔 재밌게도 '끝'이자, '일의 실마리(일이나 사건을 풀어나갈 수 있는 첫머리)'라는 뜻이 함께 있습니다. 끝은 언제나 새로운 가능성을 안고 있습니다. 끝을 또 다른 시작으로 볼 수 있다면, 문은 언제나 열릴 겁니다.

나를 찾아간 모험 이야기는 여기에서 끝나지만,
제 진짜 이야기는 이제부터가 시작입니다.
이거, 갈수록 재밌어집니다:)

마지막으로 언제나 심장을 두근대게 만들고, 당장이라도 모험의 여정으로 달려가고 싶게 만드는 시 한편을 소개합니다. 콘스탄티노스 카바피가 쓴 〈이타카〉를 구본형 선생이 개작한 것인데, 소리내어 읽으면 그 맛이 더해집니다.

네가 삶의 길로 나설 때,
기도하라. 그 길이 모험과 배움으로 가득한
오랜 여정이 되기를....
네가 맞이할 여름날의 아침은 수없이 많으니
삶의 여정에서 흥분되는 시장에 이를 때마다
잠시 길을 멈추고
어여쁜 물건들을 사라.
자개와 산호와 호박과 흑단
온갖 관능적 향수들을
무엇보다 향수를, 주머니 사정이 허락하는 최대한
삶의 냄새를
모험과 배움의 구석구석 배어나오는 그 먼지 냄새를
그 배움의 즐거움을.
네가 이를 곳을 마음에 두라.
네 목표는 그곳에 이르는 것이니
그러나 서두르지는 마라.
비록 네 갈 길이 오래더라도
길 위에서 너는 이미 풍요로워졌으니
목표만이 너를 이루게 할 것이라 생각지 마라.
삶은 너에게 이미 아름다운 여행을 선사했고,
그것이 없었다면 너의 여정은 시작되지도 않았을 것이니
목표가 이제 너에게 줄 것이 아무것도 없구나.
길 위에서 너는 이미 현자가 되었으니
비로소 삶의 가르침을 이해하게 되었구나.

감사의 말

어떤 경험도 활용하면 가치가 생긴다고 합니다.
돌아보니 쓸모없는 시간이 없었습니다.

열등감은 저를 움직이게 하는 원동력이 되었고,
지루함과 우울감은 재밌는 것, 나를 신나게 하는 것을
찾아 헤매게 하는 원동력이 되었습니다.
고민한 만큼 독서량도 늘어갔고, 글쓰기도 늘었습니다.
누군가에게 비난이나 조롱을 들을 때면 터지는 폭식으로
몸에 더 많은 관심을, 감정을 받아들이는 것에 관심을 갖게
되었고요. 깊은 좌절만큼 사람들의 좌절을 이해하게 되었고,
분노해온 나날만큼 감사함을 느끼게 됐습니다.

불필요한 부분은 하나도 없었습니다.
저를 구질구질하게 만들었던 그 시간이
풍요로운 영양분이 되었으니까요.

참, 고맙습니다.

제 모험을 완성시켜준 수많은 스승과 지구인들, 그리고 늘 응원과 지지를 아끼지 않은 가족과 친구들에게도 감사를 보냅니다. 무엇보다 이 책이 나올 수 있도록 지갑을 열고 마음을 열어, 물심양면으로 도와주신 여러분에게 깊이 감사드립니다.

모두, 사랑합니다!

"그대가 여행길에서 발견한 모든 것들이
의미를 가질 수 있을 때,
그대의 보물은 발견되는 걸세."
-파울로 코엘료, ≪연금술사≫ 중에서

인생모험: 나에게로 가는 특별여정
(Life Adventure: A journey to myself)

이대로 살아도 괜찮을까?
5개의 질문, 20년의 방황, 그리고 찾은 내 인생!

초판 2쇄 2020년 2월 13일 발행

지은이 | 김글리 (스스로 궤도를 그리며 운행중인 별)
펴낸이 | 김귀자
펴낸곳 | 라이프아티스트
등 록 | 2015.06.25 (제300-205-100호)
주 소 | 서울 종로구 창의문로 166
이메일 | life-artist@naver.com
I S B N | 979-11-956339-1-3 (03810)

Copyright © 김글리, 2020

* 이 책에 실린 글과 이미지의 무단전제 및 복제를 금합니다. 이 책 내용의 전체 또는 일부를 재사용하려면 반드시 출판사의 동의를 받아야 합니다.
* 책 표지 및 본문에 직지소프트에서 후원받은 직지폰트가 사용되었습니다.